Jules Simon

La Peine
de mort

récit

ISBN : 978-1523299959

10 9 8 7 6 5 4 3 2 1

Jules Simon

La Peine
de mort

récit

Table de Matières

À V . H .

Je ne veux pas mettre votre nom en toutes lettres, parce qu'il est trop grand, et mon cadeau trop petit.

Le titre de ce volume est mon excuse pour vous l'offrir. La peine de mort disparaîtra bientôt de nos Codes ; et c'est vous qui l'aurez effacée.

Vous m'avez envoyé, il y a six mois, un Livre. Je vous adresse en échange quelques pages, qui n'ont d'autre mérite que de raconter un fait véritable et d'exprimer des sentiments sincères. Je doutais encore quand je les ai écrites, il y a trente ans. À présent, grâce à vous je ne doute plus, et je vous en remercie.

PRÉFACE

I

Auray, que nous appelons une ville en Bretagne, ne serait qu'un hameau si on la transportait dans les environs de Paris. Elle a de trois à quatre mille habitants. Elle baigne le pied de ses vieilles murailles dans une petite rivière dont les eaux se confondent un peu plus loin avec celles de la mer. Une grande rue mal pavée et bordée de maisons en bois et en terre commence au pont, et grimpe par une côte escarpée jusqu'à une place oblongue, sur laquelle s'élève la mairie, bâtiment assez maussade et presque moderne, car il ne remonte pas au delà de la première moitié du XVII siècle. Quelques ruelles étroites partent de cette artère principale, et vont se perdre dans la campagne. Les architectes qui les ont bâties ne connaissaient pas les règles de la symétrie, ce qui n'est pas un très-grand malheur. Chaque maison s'en va capricieusement sans se soucier de sa voisine, avançant, reculant, montrant son pignon ou sa façade, selon les accidents du terrain et les limites des propriétés. Le rez-de-chaussée est le plus souvent en pierres de taille ; mais le premier étage, qui se prolonge en saillie sur la rue, se compose de vieilles poutres à peine équarries, peintes d'un rouge sombre, et servant de supports à des barasseaux de paille et de torchis. Des

Jules Simon

fenêtres irrégulières, garnies de carreaux larges comme la main, des niches avec des statues de plâtre grossièrement enluminées, de naïves enseignes grinçant sur une verge de fer, de longs toits en ardoises surmontés d'une calotte de plomb ou de quelque animal fantastique en fer-blanc, donnent à l'ensemble l'aspect d'une ville du moyen âge qui serait restée sous cloche pendant trois ou quatre siècles. Les habitants ne font rien pour détruire cette illusion. Les paysans qu'on rencontre dans les rues les jours de marché portent de lourds sabots de bois blanc, des guêtres brunes montant jusqu'aux genoux, des culottes courtes à mille plis, une ceinture de cuir, un habit brun ou bleu à larges basques et un chapeau plat dont les immenses bords laissent à peine apercevoir dans l'ombre leurs traits accentués et quelque peu sauvages. Jeunes et vieux ne parlent entre eux que bas-breton, le français étant considéré comme une langue savante à l'usage des *messieurs* qui ont été à Vannes. Les marchands étalent les objets de leur commerce jusque dans le milieu de la rue : une pile de drap sur une table, un baril de lard, une montagne de savon rouge et noir, de la mélasse, des chandelles, confondus dans un pêle-mêle des plus pittoresques, servent d'appeaux pour affriander les chalands. Si vous entrez dans la boutique, espèce d'antre qui ne reçoit de jour que par la porte, et où l'on arrive en descendant quatre ou cinq marches de pierre, la maîtresse du logis vous vendra sur la même table un quarteron de beurre et deux aunes de ruban : la *spécialité* n'a pas encore pénétré dans la bonne ville d'Auray. On y compte par livres, sous et deniers à la mode du vieux temps ; il n'y a de centimes que pour le percepteur. J'y achetai étourdiment, en 1833, un almanach qui se trouva être de l'année du sacre de Charles X. Je voulus plus tard en faire l'observation au vendeur ; mais il me répondit avec beaucoup de sang-froid que j'y trouverais toujours les foires, les marchés et les pardons. Des almanachs de cette nouveauté, avec quelques alphabets, des Eucologes et force livres de prières en bas-breton, formaient à cette époque l'assortiment de l'unique libraire de la ville. C'est pourtant là que je me suis procuré un livre, presque introuvable aujourd'hui, le *Supplément à l'histoire de France*, publié par le P. Loriquet en 1816.

Auray est un petit port et fait un commerce de cabotage assez actif avec Vannes, Lorient et Belle-Île. Quelques maisons se sont bâties successivement tout le long du quai, de manière à former une ville basse assez peu considérée des gens de la ville haute, mais plus active et plus au courant des affaires de ce monde. Entre les deux villes se dresse encore menaçante une cuirasse de pierre, tout armée de ses tours et de ses créneaux, derrière laquelle s'est abrité Duguesclin. Ce reste de la puissance de nos ducs a une solidité et une grandeurqui contrastent fortement avec les chétives maisons qui se pressent alentour comme un timide troupeau. Le temps n'a pas eu de prise sur ces larges pierres, d'un grain rouge et puissant, qui défieraient les efforts de l'artillerie. Sur le haut des tours, à la place des toits en pointe dont il ne reste plus de vestiges, d'honnêtes Alrésiens ont bâti de petites maisons toutes blanches, aux joyeux contrevents verts. Ils y ont ménagé des jardinets, où s'élèvent des berceaux couverts de sureaux et d'aubépines. Ces frêles plantes couronnent les créneaux, s'échappent par les portes béantes et à demi ruinées, et pendillent sur les sombres flancs du géant de granit. C'est le soir qu'il fait bon remonter la mer jusqu'à l'embouchure de la petite rivière qui porte le même nom que la ville. Tout est silencieux comme en rase campagne ; les grands pans de muraille se détachent crûment sur le ciel, entourés d'un inextricable fouillis de petites maisons, d'arbres verts et de clochers pointus. Les chasse-marée, immobiles, projettent sur l'eau leurs ombres noires, et l'on entend les mille ruisseaux de la rivière bruire doucement sur les galets de la grève en se déchargeant dans le golfe.

II

Je m'étais retiré là vers la fin de 1833, à une époque où je cherchais encore ma voie à travers le vaste monde, attiré vers Paris par la passion de l'étude, retenu dans ce coin par l'amour du sol natal et les chers souvenirs de l'enfance. Si j'ajoute que j'y vivais chez le recteur de Notre-Dame, et dans l'intimité des chouans les plus déterminés, il ne faudra pas qu'on me prenne pour un dévot ni pour un légitimiste : quoique je ne fusse alors qu'un enfant, je n'avais presque plus de droits au premier de ces titres, et je n'en ai jamais eu au second. L'abbé Moisan avait pour mon père une amitié passionnée ; je crois même qu'il lui avait dû la vie sous la première république.

Jules Simon

J'avais pris l'habitude, pendant que je faisais mes études au collége de Vannes, de passer une partie de mes vacances au presbytère d'Auray, et je m'y regardais comme chez moi. J'y avais ma chambre, qu'on ne donnait jamais aux vicaires des environs, quand ils venaient par bandes de cinq ou six, selon la coutume du clergé breton, demander l'hospitalité au recteur. La vieille Annah, servante ou maîtresse du logis, qui passait pour assez revêche, m'avait pris en gré à l'exemple de son maître, et me traitait comme l'enfant de la maison.

L'abbé Moisan avait alors soixante-dix ans. C'était un grand homme d'unemaigreur surprenante, avec une grosse tête et de grosses mains, droit comme un I malgré son âge, et marchant comme un grenadier. Quand il se promenait le soir avec moi dans son jardin, nu-tête, en manches de chemise, et fumant gaillardement sa pipe, vous l'auriez plutôt pris pour un soldat que pour un prêtre. Il avait pourtant été ordonné diacre à vingt et un ans ; mais sa vie ne s'était pas passée uniquement à confesser et à dire la messe. Il était resté en France sous la Terreur, déguisé en garçon de ferme, conduisant la charrue, fauchant les foins, pansant les chevaux, et passant à juste titre pour un valet de premier ordre. Le soir venu, il sortait par la fenêtre du grenier à foin, et courait toute la nuit pour exhorter et confesser les paysans. Dès qu'il y eut des bandes de chouans, il en fit partie, comme aumônier bien entendu. Les bleus disaient qu'il avait fait le coup de fusil avec Cadoudal et Guillemot, ce qui était de la dernière fausseté ; mais je jurerais bien qu'il en fut tenté plus d'une fois. C'est lui qui portait les messages d'une troupe à l'autre, en prenant mille déguisements et en courant mille dangers. Tout enfant, j'ai été bercé avec le récit des aventures de l'abbé Moisan, aventures vraiment merveilleuses, si le quart de ce qu'on en disait était vrai. Quand Bonaparte rétablit officiellement le culte, en donnant à plusieurs évêques constitutionnels, avec l'assentiment du pape, les diocèses qu'ils avaient usurpés et dont les titulaires étaient encore vivants, il se forma en divers pays,sous le nom de *petite église*, une congrégation de fidèles, qui voulait être, et était probablement plus catholique que le pape, puisqu'elle refusa de se soumettre à des évêques élus par la révolution et réhabilités par l'empire. L'abbé Moisan fut de cette petite église, et continua, à ce titre, d'être persécuté quand le clergé catholique ne l'était plus. Il y avait vingt-deux ans qu'il vivait de la vie d'un proscrit, quand arriva la Restauration. Le comte d'Artois lui fit donner la croix de Saint-Louis, qu'il reçut respectueusement et ne porta jamais. Il pouvait choisir entre les plus riches paroisses. Il ne voulut que la place d'aumônier des prisons, qui ne lui fut pas disputée. C'était moins que jamais une sinécure. La guerre civile et ses suites qui se prolongèrent plusieurs années dans les campagnes de l'Ouest, encombraient les prisons de détenus politiques, et les crimes communs se multipliaient à la faveur des troubles. La maison de force de Vannes, à laquelle fut attaché M. Moisan, différait beaucoup de nos prisons d'aujourd'hui, qui ressemblent extérieurement à des hôpitaux ou à des casernes, et auxquelles des philanthropes d'une certaine espèce reprochent d'être trop confortables. C'était une vieille porte de la ville, flanquée de deux tours à longs toits en poivrières. Elle n'avait ni cours ni préau. Les prisonniers respiraient un peu d'air dans une étroite galerie de pierre, qui allait d'une tour à l'autre en passant par-dessus la porte, et qui avait servi de chemin de ronde. On les apercevait de la rue des Chanoines, et on se montrait de loin les condamnés à mort quand il y en avait, ce qui arrivait assez souvent. L'abbé Moisan qui, en temps ordinaire, ne sortait guère de la prison, si ce n'est pour aller dîner à sa pension chez Madame Normand et pour dire sa messe à la chapelle de Saint-Vincent Ferrier, se renfermait complétement quand il avait des condamnés à mort ou aux travaux forcés, et ne les quittait plus que sur l'échafaud ou après le transfèrement. Il ne passait pas le temps, comme les autres prêtres, à les exhorter ou à leur réciter des prières. Il causait avec eux comme un ami ; si c'étaient d'anciens chouans, ils en avaient long à se raconter de leurs anciennes campagnes. Il se mettait à leur service pour les moindres bagatelles, jusqu'à faire leurs commissions par la ville. On le voyait passer tout courant devant nos fenêtres, car nous logions chez Madame Normand, tout près de la cathédrale, et de la prison par conséquent. L'abbé Le Ber lui criait de loin : « S'est-il confessé ? » — « Pas encore, » répondait-il. Il attendait le moment de la grâce. Il l'attendait jour et nuit, couchant dans le cachot sur une botte de paille. Les jours d'exécution, tout le monde était dans les rues aussitôt après l'*Angelus* du matin. On priait pour le condamné et pour l'abbé Moisan. Quand on entendait sonner le glas de l'agonie à Saint-Paterne, au collége et au séminaire, c'était le signal que le cortége était sorti de la prison, les gendarmes d'escorte à cheval, le condamné les cheveux coupés, le cou nu, les mains liées derrière le dos, les jambes entravées, marchant à pied entre son confesseur et le bourreau, et derrière lui, sur ses pas, la charrette portant sa bière. Mes camarades couraient alors en foule le long de la rue du Mené qui traverse la ville ; ils s'entassaient sur les marches du Calvaire qui est à la porte du collége, parce que le condamné s'y agenouillait ordinairement, et disait à haute voix une prière, à laquelle répondaient tous les assistants. Je n'ai jamais eu le cœur d'y aller ; mais ce que j'ai vu bien des fois, c'est la chaîne.

On ne connaît plus cela à présent. Dans ce temps-là, les condamnés au bagne se rendaient à pied, enchaînés les uns aux autres par le cou, depuis Bicêtre jusqu'à Brest ou à Toulon. La chaîne s'arrêtait à Vannes, pour y prendre le contingent de notre cour d'assises ; et alors l'abbé Moisan ne manquait jamais d'accompagner ses prisonniers, en les embrassant, en leur tenant les mains, en les pansant quand ils étaient écorchés par le carcan de fer, ou quand la blessure de la marque était mal guérie. Il allait ainsi à pied jusqu'à Auray, avec tous ces hommes exaspérés par la fatigue et par la honte, écoutant sans sourciller leurs injures et leurs blasphèmes. Il mangeait à la même pension que moi, avec l'abbé Le Ber, un prêtre janséniste et républicain, que mon ami le docteur Guépin a bien connu, et trois ou quatre écoliers, dont un, par parenthèse, est devenu sénateur. Il ne venait pas les jours d'exécution ; il ne songeait pas à dîner ces jours-là, mais on le voyait arriver le lendemain, pâle comme un linge. Personne n'osait lui parler, et même nous ne parlions pas entre nous. Il dépliait sa serviette, regardait à droite et à gauche en essayant de sourire, rencognait à grand'peine des larmes qui lui montaient aux yeux, puis avalait un grand verre d'eau, et s'en allait en emportant un morceau de pain sec. Il fut sérieusement malade en 1827 à la suite de l'exécution des deux Lebras, qu'il a toujours persévéré à proclamer innocents. C'est alors que Mgr de Lamothe le contraignit à accepter la cure d'Auray.

Les dévotes de sa nouvelle paroisse en furent aussi désolées que lui. Elles entourèrent les premiers jours son confessionnal ; mais il avait entendu d'autres aveux ! Elles le trouvèrent à la fois trop brusque et trop indulgent, et le quittèrent en masse pour ses vicaires. L'un d'eux était cet abbé Martin, qui a prêché à Paris avec succès. M. Moisan ne demandait pas mieux que d'être ainsi délaissé. Son succès dans la chaire fut le même qu'au confessionnal. Il essaya une fois de réciter un sermon de l'abbé Poule, resta court au milieu du second point, et ne prêcha plus qu'en bas-breton, le dimanche, à la première messe. Il faisait beaucoup de bien, ce qui ne le distinguait pas de ses confrères, car nos prêtres bretons, depuis le curé de la cathédrale jusqu'au dernier succursaliste, passent leur vie à donner, et à demander pour donner. Quand, vers la fin de la Restauration, j'allais m'installer pour une ou deux semaines au mois de septembre, chez l'abbé Moisan, je le voyais abattu, découragé, malade. Il souffrait de se sentir inutile. Il ne reprenait un peu de vie qu'en me racontant ses batailles, comme il les appelait, ou en parlant des condamnés qu'il avait conduits à la mort. Il en parlait comme de ses enfants ; il n'y en avait pas un qu'il n'aimât et dont il ne fît l'éloge. La vieille Annah me disait qu'il retombait quand j'étais parti, et « qu'il n'avait pas assez à faire. »

Chose étrange, il sembla renaître après 1830. Tout changea aussi autour de lui ; il devint l'homme important, ou plutôt l'idole de la ville. Je ne fus pas longtemps à savoir pourquoi. Il y eut, en Bretagne, après *les glorieuses*, un essai impuissant de chouannerie. Les prêtres, pour la plupart, s'y jetèrent à corps perdu. Ils commencèrent par refuser obstinément de chanter le *Domine Salvum*. Je me souviens que l'évêque, qui était un Lamothe-Broons, d'une vieille famille légitimiste, fut obligé d'aller le faire chanter devant lui à Saint-Paterne, sans quoi l'abbé Couëffic aurait résisté jusqu'à la fin. De cette première manifestation, ils passèrent à une autre, plus dangereuse : ils conseillèrent aux conscrits de ne pas partir. Un conseil donné à un paysan breton par son confesseur, est un ordre. Il y eut, aussitôt, depuis Auray jusqu'à Ploërmel, des bandes de réfractaires, dont quelques-unes tinrent la campagne contre les gardes nationaux et la troupe de ligne. Plusieurs nobles offrirent leurs châteaux pour lieu de rendez-vous. Le roi Charles X, réfugié à Holy-Rood, donna à un anciencommandant de cavalerie un brevet de lieutenant général, pareil à celui qu'avait eu autrefois M. de Puisaye. Le même mouvement se produisait vers la marche de Bretagne, notamment à Vitré, où les troubles prirent une certaine gravité. L'abbé Moisan se retrouva alors dans son élément. Il ne me fit pas de confidences ; j'étais trop jeune et trop peu initié ; mais je devinais à son air, à certains propos mystérieux, à l'affluence inaccoutumée des visiteurs au presbytère, au respect tout nouveau avec lequel on le saluait dans la rue, que le recteur était en guerre. Hélas ! le mouvement ne fut pas de longue durée, deux compagnies de gendarmerie mobile en vinrent à bout ; mais dans le court espace de dix-huit mois, il coûta la vie à plusieurs personnes. Quelques-unes périrent, en soldats, d'un coup de fusil. D'autres portèrent leur tête sur l'échafaud ; d'autres, plus misérables, allèrent mourir au bagne de Brest, car on affecta de les traiter en voleurs de grand chemin, non en accusés politiques. Je puis dire au sujet de cette agitation impuissante, qui n'aura pas d'historien, et à laquelle je n'attachais aucune de mes espérances, qu'elle fut l'agonie d'un grand sentiment.

Tout était irrévocablement fini quand je devins, en 1833, le commensal de l'abbé Moisan. Je venais d'achever mes études, que j'avais faites littéralement à mes frais, donnant matin et soir des leçons d'écriture et d'orthographe pour payer ma pension et mes mois de collége. L'abbé, qui avait de l'ambition pour ses amis, voulait me voir un jour professeur au collége de Vannes, et me pressait d'aller à Rennes pour passer l'examen de bachelier. Il prétendait qu'il paierait mes frais de route : Dieu sait où il aurait pris de l'argent pour cela. Je finis par y aller à pied, et par me faire recevoir à l'école normale. Mes camarades ne se sont jamais doutés que je me passais de dîner tous les jours de sortie ; mais je ne me plains pas d'avoir eu une enfance et une jeunesse un peu rudes, ni d'avoir passé mes premières années, moi libre penseur et républicain, parmi des catholiques et des carlistes. L'abbé Moisan, qui ne savait pas dire quatre paroles de suite, et qui n'avait jamais lu que son bréviaire et les ordres du jour de M. de la Houssaye, a exercé sur mon esprit une influence que je crois heureuse. Je me rappelle encore, tout lettré que je suis devenu, nos interminables discussions, dans lesquelles il était infailliblement battu, et après lesquelles je passais toutes mes nuits à discuter avec moi-même ses arguments, et à croire qu'il avait raison.

III

La peine de mort était un de nos grands sujets de controverse ; car il avait renoncé de bonne grâce à ma conversion, et il me disait souvent avec un gros soupir, en me mettant ses mains sur les épaules : « Tu es perdu ! » Je ne me lassais pas de l'interroger sur les condamnés qu'il avait assistés à la mort, et surtout sur ceux que j'avais connus avant leur condamnation ; il y en avait plus d'un. Il avait une singulière maladie d'esprit : il les croyait tous innocents, et cela, du fond de son âme. Je crois bien qu'il n'excluait pas de cette absolution universelle ceux qui lui avaient avoué leur crime. Il trouvait quelque moyen de les transformer en martyrs ; ils étaient tout au moins victimes de leur éducation, ou des circonstances, ou de l'organisation sociale ; car l'abbé Moisan, qui tonnait tous les matins contre les saint-simoniens, après avoir lu la *Gazette de France*, était, sans s'en douter, un socialiste radical. Je parle ici, bien entendu, des condamnés pour crimes ordinaires ; quant aux condamnés politiques, il ne les croyait pas seulement innocents, il les tenait pour des héros ; et moi qui ne partage aucune de ses idées politiques, je ne suis pas éloigné de croire qu'il n'avait pas tort. On comprend qu'il était ennemi déclaré de la guillotine ; il l'était aussi du carcan, de la marque, des galères, et même des longues détentions. Il aurait maudit la prison cellulaire, si l'administration avait exercé dès ce temps-là son prétendu droit de tuer l'homme intellectuel et moral en laissant subsister l'homme physique. Il rêvait un système de détention courte, plus ou moins sévère suivant les cas, toujours dirigée vers un but de régénération morale, et après laquelle les condamnés les plus redoutables pourraient être transportés dans une colonie, où l'État les laisserait libres sous certaines conditions. Il ne refusait pas à la société le droit de tuer lorsqu'elle était dans le cas de légitime défense ; et par exemple, exception singulière chez un homme de parti qui avait encouru cent fois des condamnations capitales, il admettait sans difficulté la peine de mort pour les crimes politiques. Elle n'était alors, suivant lui, qu'un des incidents de la bataille. Mais ce qu'il contestait pour les crimes ordinaires, c'était le cas de légitime défense. Il pensait que, pour maintenir l'ordre et garantir la sécurité de tous, la Société n'avait pas besoin, ne pouvait jamais avoir besoin de verser le sang. À ses yeux, la peine de mort était barbare, parce qu'elle était inutile. Elle n'était pas seulement inutile. Il traitait d'ignorants et de sophistes ceux qui parlaient de l'exemple, et qui regardaient les exhibitions d'échafauds comme une salutaire leçon de morale. Il soutenait tout au contraire que la cruauté des peines engendre la férocité des mœurs. « Croyez-en mon expérience, disait-il en ces occasions ; le sang appelle le sang. Ceux qui assistent à une exécution avec de mauvais instincts n'en reviennent pas terrifiés, ils en reviennent démoralisés. » Son grand argument était l'incertitude des jugements humains ; il était intarissable sur cet article ; il entassait les exemples, quelques-uns d'une force accablante, et tous puisés dans ses souvenirs personnels. Ses récits étaient de longs procès faits aux juges. Il ne voyait en eux que des hommes de parti, qui avaient la guillotine pour argument. Il faut dire qu'il avait vu les cours prévôtales. Il disait, entre autres choses, que la justice politique rendait ses arrêts comme on obéit à une consigne ; mais fidèle à ses principes, il ajoutait qu'elle était instituée pour cela, qu'elle était dans son rôle en frappant les ennemis et même les suspects. « Que voulez-vous que fasse un juge, qui est lui-même une partie du gouvernement, qui lui doit sa place, qui lui demande de l'avancement, qui pense comme lui puisqu'il le sert, quand le gouvernement lui dit, en lui montrant un accusé politique : Je suis en danger, défends-moi. »

J'étais, sur ce dernier point, complétement d'accord avec M. Moisan. Ce n'est pas moi assurément qui aurais pensé à supprimer la peine de mort en matière politique, tout en la laissant subsister pour les crimes ordinaires. Quand je lisais l'histoire de la révolution, si j'étais indigné, comme tous les hommes de cœur, des exécutions par masses, sans jugement et sans culpabilité, il y avait des condamnations que je trouvais justes, et auxquelles je sentais bien que j'aurais souscrit. Je sais à présent pourquoi nous pensions ainsi, M. Moisan et moi, sur la justice politique. Il avait vécu sous la terreur rouge, l'empire et la terreur blanche ; moi-même j'étais entouré de gens qui avaient perdu leurs amis sur l'échafaud, ou qui avaient été condamnés et avaient échappé à la mort par miracle. Toute répression sanglante engendre des représailles ; il est contre nature d'en attendre la paix. L'échafaud politique ne fait pas seulement des assassins comme l'autre échafaud : il fait des juges politiques.

Je voudrais dire au moins que je partageais les idées de l'ancien aumônier des prisons en matière de crimes communs ; mais né en 1815, entre la terreur maudite et la terreur bénite, j'étais trop près des âges de sang. On ne parlait autour de moi que de répondre à la mort par la mort. J'étais d'ailleurs retenu par la fameuse phrase dans laquelle M. Alphonse Karr, qui a été depuis un de mes amis, a résumé tous les arguments par lesquels la peine de mort peut être défendue : « que messieurs les assassins commencent. » Nous répétions de part et d'autre les mêmes discours, avec la même passion et le même succès, dans nos promenades à Sainte-Anne et à Quiberon et dans nos excursions à Vannes ou à la pointe de Saint-Gildas. Quand l'abbé ne savait plus que dire, il me fermait la bouche avec le procès des frères Nayl, dont vous allez lire le récit tout à l'heure ; ce souvenir encore tout récent nous troublait l'un et l'autre, et nous laissions filer notre canot le long des rochers de la côte, en gardant lesilence, et en pensant aux terribles événements que nous venions de traverser. C'est au retour d'une de ces courses qu'il me demanda d'écrire l'histoire de nos trois amis. Je l'écrivis tout d'un trait le lendemain matin, non pour prouver, comme on peut le voir par ce qui précède, mais pour raconter et pour fixer nos communs souvenirs.

Le pauvre abbé Moisan me fit promettre de la publier un jour, « si jamais tu deviens auteur, » ajoutait-il. La voici. Elle a dormi tout un quart de siècle sous mes livres de ce temps-là, avec les manuscrits que j'accumulais alors en véritable échappé de collége. Quand j'ai relu, au bout de vingt ans, ces récits très-naïfs mais très-véridiques, avec un sentiment qui doit ressembler à celui d'une femme arrivée au seuil de la vieillesse et qui retrouve inopinément au fond d'un tiroir une fleur desséchée, une parure flétrie, je n'ai pu résister au désir d'en publier un ou deux, en me cachant avec soin sous un nom que prenaient tour à tour tous ceux qui ne voulaient pas être reconnus. Je laisse paraître aujourd'hui, en le signant, celui que j'ai appelé *la Peine de mort*, parce qu'un récit vaut quelquefois autant qu'une raison.

Je ne puis terminer cette préface sans dire que mes idées sur le point principal ont été entièrement modifiées par l'étude. Je pense à présent que la peine de mort et toutes les peines perpétuelles peuvent et par conséquent doivent être retranchées de nos codes ; en un mot, je refuse à l'homme, soit en matière politique, soit en matière ordinaire, le droit d'infliger à l'homme ou une souffrance ou une flétrissure irrévocables. Je n'admets ni l'infaillibilité dans le juge, ni l'éternité de la perversité dans le coupable. J'ai été quelque temps mêlé, après la fondation de la république, à l'administration de la justice criminelle ; j'ai visité un grand nombre de prisons dans toute l'Europe, depuis Mazas jusqu'à Millbanks ; je suis allé à Portland, pour me rendre compte de la manière dont les Anglais remplaceront la peine de mort quand ils y auront renoncé. Ce que j'ai surtout rapporté de ces longues études, c'est la peur de l'irréparable. Il y a une maison, en Bretagne, qui m'aurait suffi, sans aller si loin, si je ne m'étais pas obstiné à lutter contre moi-même dans mon désir de ne pas remplacer la raison par le sentiment. Ce n'est plus aujourd'hui pour moi une question d'humanité. En demandant qu'on laisse toujours à la société le moyen de réparer une erreur, si je pense beaucoup à la victime, je pense encore plus à la société elle-même ; et j'ai moins peur du tort qu'une erreur judiciaire fait à un homme, que de celui qu'elle fait à la justice.

Je ne suis plus aussi farouche que nous l'étions, l'abbé Moisan et moi en 1833, et je ne sais pas, quoiqu'il fût tout d'une pièce et Breton jusque dans les moëlles, s'il commettrait encore l'effroyable contre-sens de laisser subsister la peine de mort pour les vaincus en la supprimant pour les assassins. Pour moi, je suis converti sur les deux points. J'ai vu à Nüremberg un musée de sabres à décapiter, de couperets, de machines à faire sauter la main ou le pouce, à essoreiller, à aveugler. La mort ne s'y montre pas seulement atroce ; elle y est, dans certains supplices, par un raffinement du génie des tortureurs, ridicule. C'est là, pour le dire en passant, qu'a été inventée, longtemps avant la révolution française, notre sinistre guillotine, avec ses poteaux à rainures, ses ceps pour enfermer le cou, son couteau lâché par un ressort et opérant la décapitation par le seul poids de sa masse, sans intervention de la main de l'homme. Je voudrais que de tous les coins de la terre *civilisée*, on y portât les dernières guillotines, les derniers garrots, les dernières potences ; et je crois fermement que, dès le lendemain, la race de MM. les assassins, comme dit Alphonse Karr, irait en s'éteignant. La politique y gagnerait comme la morale. Les guerres civiles n'en seraient peut-être pas moins fréquentes, mais à coup sûr elles deviendraient moins atroces.

Ce que j'ai retenu, sur ce dernier point, des opinions de M. Moisan, c'est un désir ardent de voir la justice politique, puisque c'est le nom qu'il faut lui donner, entièrement séparée de la justice ordinaire. Ni les mêmes juges, ni les mêmes lieux de détention. Assurément je suis convaincu qu'il y a en politique une cause juste et des partis haïssables ; mais dans tout jugement politique, c'est le vainqueur qui décide, à titre de vainqueur, soit qu'il représente la justice ou la violation de la justice. Quand la chance tourne, l'accusé change de place avec le juge. Le même code se trouve bon. Il est donc vrai que la justice politique est une bataille, et la justice ordinaire une doctrine. Là, une question de victoire et de défaite ; ici, une question de bien et de mal. La preuve qu'une condamnation politique ne fait de tort qu'à la victime et n'en fait pas à la morale, c'est qu'en dépit de la violence des partis, la proscription n'a jamais déshonoré personne.

Je visitais un jour en compagnie de quelques amis la maison de force de Gand. Je crois que c'était en 1853. Le directeur me demanda, au moment où je me retirais, combien de temps j'avais été moi-même prisonnier. Je fus obligé de répondre que je n'avais pas été prisonnier du tout. Je me rappelle que je fus un peu humilié d'avoir à faire cette réponse, et qu'elle ne me fit pas grand honneur dans l'esprit de ceux qui m'entouraient ; — de ceux surtout qui, n'étant pas mes amis personnels, ne connaissaient pas les événements de mon humble vie. Il faut toujours que la justice humaine puisse rendre sa proie. Qu'elle rende le coupable guéri, quand c'est un coupable ; qu'elle rende le vaincu vivant, quand ce n'est qu'un vaincu. Mais surtout, si elle s'est trompée, qu'elle puisse rendre sa victime.

LE RÉCIT

I

Tout le monde sait qu'après la révolution de 1830, il y eut, en Bretagne, une sorte de renouvellement de la chouannerie. J'étais alors bien jeune, et je ne pouvais avoir en politique que des instincts et des sentiments. D'ailleurs mon père était républicain, et je l'étais aussi par obéissance, en attendant de le devenir par l'étude et la réflexion. Mes opinions me rendaient l'impartialité facile. Elles ne me faisaient pas d'ennemis ; on me permettait d'être républicain comme on permet à un poëte de rêver. Ma famille m'avait mis en pension au collége de Vannes, où j'apprenais un peu de latin et un peu de français sous la direction de l'abbé Ropert, excellent homme qui ne savait guère ni l'un ni l'autre. Nous étions là, dans la classe de seconde, une centaine d'écoliers dont j'étais le plus jeune ; car, dans ce pays alors arriéré, et qui s'est peut-être civilisé depuis, la population des colléges se composait principalement de grands garçons, enlevés à la charrue par la vanité de leurs parents ou la générosité de leurs curés, pour se préparer à l'état ecclésiastique. Je me rappelle encore mes condisciples en petite veste et en sabots, avec leurs cheveux longs et leurs vingt-cinq ans, et qui, parce qu'ils étaient collégiens et qu'il y a partout des grâces d'état, étaient tout aussi enfants que moi-même. Ils ne l'étaient pas pourtant dans leurs sentiments politiques, et il n'y en avait peut-être pas un qui ne fût chouan jusqu'au bout des ongles. Notre collége avait déserté en masse, sous la première révolution, pour aller faire la guerre dans les landes avec Cadoudal ; nos régents n'en étaient pas peu fiers ; ils avaient soin de nous rappeler de temps à autre avec un orgueil tout à fait communicatif ce grand fait d'armes de nos devanciers. Il ne faut donc pas s'étonner si plusieurs d'entre nous se joignirent à la bande de Guillemot pendant les vacances de 1831. Nous autres petits, nous eûmes fort à faire au retour pour écouter les merveilleux récits de leur campagne. J'ose croire qu'ils y mettaient un peu du leur. Il y en avait qui avaient mis le feu à la grange ; d'autres avaient tenu la campagne pendant plusieurs jours contre une compagnie de gendarmerie mobile ; d'autres avaient dévalisé une diligence qui portait de Ploërmel à Vannes l'argent de la recette particulière. Guyomar, qui était un de nos plus brillants rhétoriciens, prétendait avoir tenu le conducteur sous son genou pendant plus d'une demi-heure, et quoiqu'il n'eût pas son égal pour tourner un vers latin, il était plus fier de cette expédition nocturne que de ses meilleurs distiques. Je l'ai toujours soupçonné d'avoir puisé la plupart des émouvants récits qu'il nous faisait dans *Jean Sbogar*, dont nous étions fous, car il avait naturellement horreur de tout ce qui ressemblait au désordre et à la violence. Nous avions encore Raynal, qui se vantait d'avoir arraché de sa main, en plein soleil, un jour de pardon, le drapeau tricolore qui flottait sur la porte de la mairie. Trois préposés de la douane avaient voulu l'en empêcher, mais il avait poussé si vigoureusement le cri de Vive le roi ! et tous les garçons de Sarzeau et de Port-Navalo s'étaient si promptement groupés autour de lui, que les douaniers avaient jugé toute résistance impossible et remis pacifiquement leur sabre au fourreau.

Le plus âgé de nos camarades était un paysan de Saint-Allouestre, qui devait prendre la soutane dans quelques mois. Il avait deux frères, dont l'un, l'aîné de la famille, était laboureur, et l'autre, qui entrait en troisième, venait de tirer à la conscription. Ils s'appelaient les frères Nayl, et quoique paysans ils faisaient figure parmi nous, parce que leur père était un assez gros fermier, et qu'ils étaient unanimement reconnus pour les meilleurs élèves du collége. On ne les entendait jamais parler de chouannerie, et personne de nous n'aurait su dire s'ils étaient blancs ou bleus. Quand Guyomar ou quelque autre racontait ses exploits au milieu d'un cercle, ils s'arrêtaient pour écouter comme les autres, mais sans exprimer leur opinion, se contentant, aux plus beaux endroits, d'échanger entre eux un sourire. C'étaient, au reste, des garçons timides, rangés comme des filles, toujours exacts à l'heure, se promenant à part les jours de congé, car ils s'adoraient, et d'une dévotion que l'abbé Flohy, notre aumônier, nous proposait toujours pour modèle. Ils étaient mes voisins, logés dans la rue des Chanoines, tout près de la cathédrale, chez une veuve qui tenait une pension pour huit ou dix écoliers. J'ai été bien souvent les voir dans leur petite chambre, où ils étaient entassés tous les trois quand l'aîné venait à la ville, et je m'asseyais sur un lit, parce qu'il n'y avait que trois chaises. Nous répétions nos leçons ensemble, ou nous lisions quelque livre emprunté à l'un des vicaires de Saint-Paterne. Nous étions tout à fait abandonnés à nous-mêmes après les heures de classe, et pourtant je puis bien dire que nous n'aurions pas été plus sages et plus laborieux si nous avions été enfermés dans un séminaire. J'aurais bien ri, lorsque nous nous embrassâmes le lendemain de la distribution des prix, avant de retourner chez nos parents, si l'on m'avait dit que quatre mois après je verrais condamner mes trois camarades à la peine de mort.

II

Ma famille demeurait alors à Belle-Île. Le chasse-marée qui me ramena le jour de la rentrée des classes fut obligé de courir des bordées dans le Morbihan, et ne put entrer dans le canal que vers neuf heures du matin. J'étais en retard pour la messe du Saint-Esprit, et je me rendis à la chapelle sans entrer chez personne. Mon premier soin, dès que je fus arrivé à mon banc, fut de chercher du coin de l'œil mes amis ; mais je ne les aperçus pas et j'en fus fort étonné, car aucun de nous ne prenait de libertés avec le règlement, et il fallait qu'ils fussent malades et alités pour n'être pas là. Plusieurs de mes camarades, à qui je fis un joyeux signe de tête, me répondirent de loin d'un air grave qui augmenta mes inquiétudes. Je fus sur des charbons jusqu'à la fin de la cérémonie, et je n'attendis pas que nous fussions sortis de l'église pour demander à Guyomar ce qu'étaient devenus les Nayl, et s'il y avait quelque chose de nouveau.

« Vous ne savez donc rien, à Belle-Île, de ce qui se passe ? me dit-il.

— Mais non, lui dis-je. Nous avons entendu parler de l'assassinat de Bignan ; mais il ne nous est pas venu d'autre nouvelle du continent.

— Justement, me dit-il, c'est la mort de M. Brossard qui nous met tous dans le chagrin, et nous ne pouvons pas encore comprendre comment les Nayl ont fait ce coup-là.

— Les Nayl ! m'écriai-je. Et qu'ont-ils de commun avec cette horrible histoire ? » Car je ne pouvais pas encore comprendre que Guyomar les accusait d'être les assassins. Lorsqu'il me le répéta, en ajoutant qu'ils étaient en prison tous les trois et qu'ils passeraient aux prochaines assises, je sentis mon sang tourner, mes yeux se voilèrent, et je tombai évanoui sur les marches de la chapelle. On me porta chez moi, où je fus plusieurs heures assez malade. Enfin, je recouvrai assez de force pour me lever et je me rendis chez M. Le Nevé, notre principal, espérant encore qu'on m'avait trompé, et voulant, dans tous les cas, être éclairci et connaître tous les détails.

Je n'eus pas besoin de lui faire de question, car il vint à moi dès qu'il m'aperçut et me tendit les bras en pleurant. « Mais ils sont innocents, me dit-il, je le jurerais, et pourtant toutes les apparences sont contre eux. Je suis assigné comme témoin. Je leur rendrai justice. Je dirai tout le bien que je sais d'eux. Des enfants que j'ai élevés, que je connais depuis dix ans, et qui sont le modèle du collége, ne peuvent pas être des assassins. Soyez tranquille, nous les sauverons. Jourdan m'a promis de les sauver. »

Ces assurances, sans me tranquilliser, me mettaient un peu de baume dans le sang. J'appris que la famille était arrivée à Vannes depuis deux jours. Je courus la voir. Il y avait le père, la mère et la femme du fils aîné qui était déjà marié, quoiqu'il n'eût que vingt-quatre ans. Je trouvai les femmes assises dans un coin, le tablier relevé sur la tête, et pleurant toutes les larmes de leur corps. Le bonhomme était debout, tenant à la main son pen-bach, et regardant fixement devant lui sans rien voir. Quand j'entrai, les cris des deux femmes redoublèrent et devinrent des sanglots qui me navraient. Le père me serra la main et la garda longtemps dans les siennes. Enfin, je l'amenai près de l'unique fenêtre, et faisant un grand effort pour parler, car j'avais des larmes plein le cœur : « Sont-ils coupables ? » lui dis-je. Il remua à peine les lèvres et ne prononça qu'un seul mot ; mais ce mot me fit frissonner. Le père avait dit : « Je le crois. »

III

Je commençais à le croire aussi. Tout en me disant : « Nous les sauverons ! » M. Le Nevé m'avait appris deux ou trois circonstances qui m'avaient jeté dans un doute terrible. Il m'avait dit que le père Nayl était un chouan déterminé, dont l'hostilité au gouvernement était si connue, que le préfet avait mis chez lui un garnisaire pour le surveiller. Jean-Pierre, le troisième fils, qui avait tiré au sort dans l'année et que nous avions cru exonéré du service par son numéro, s'était, au contraire, trouvé appelé par suite des opérations du jury de recensement. Il avait aussitôt quitté la maison paternelle pour se dérober au service, et ses deux frères l'avaient suivi. Cette année-là et la précédente, un quart au moins des jeunes soldats avaient déserté pour ne pas être enrôlés parmi les bleus, et plusieurs bandes de réfractaires couraient les campagnes, traqués de village en village par la gendarmerie mobile. Cette petite troupe, grossie par tous les mécontents et par ceux qui rêvaient de recommencer la chouannerie, se divisait ordinairement par bandes de quinze à vingt, et se réunissait aussi quelquefois au nombre de sept ou huit cents, soit pour se compter, soit pour tenter un coup de main. Tous les paysans étaient pour eux, et quand ils frappaient trois coups à la fenêtre, sur le soir, le fermier s'empressait d'ouvrir la porte, qu'on barricadait à l'intérieur lorsqu'ils étaient entrés ; la fermière mettait sur la table les crêpes, le pain, le lard, un pichet de cidre ; les gars de la ferme leur bourraient des pipes, décrassaient leurs fusils, renouvelaient leurs munitions et cherchaient dans le coffre commun leurs meilleures chaussures, des guêtres, des habits, tout ce qui pouvait leur rendre la vie moins dure. Le souper fini, on disait ensemble la prière ; puis les femmes allaient se coucher, et les hommes, éteignant la chandelle de résine, restaient autour du foyer à maudire le gouvernement et à méditer des projets de vengeance et d'insurrection. Souvent ces conciliabules étaient tout à coup interrompus par l'aboiement d'un chien qui annonçait l'approche d'un étranger. Alors on sautait sur les fusils, et le maître de la ferme s'approchait de la lucarne pour tâcher de voir au dehors. Si l'on apercevait des gendarmes, on les comptait, on se comptait. La plupart du temps on essayait de fuir, de se cacher sous des bottes de foin, de faire un trou dans le toit de chaume afin de s'évader par derrière, tandis que la porte s'ouvrait lentement. Quelquefois aussi on avait recours à la force, et les gendarmes se trouvaient pris dans un piége. Le sang avait coulé dans bien des rencontres, et, comme il arrive dans les guerres civiles, il y avait de la haine des deux côtés, une haine qui s'accroissait tous les jours. Les soldats comptaient ceux de leurs camarades qui avaient péri ; les réfractaires, à force de vivre hors la loi et de porter un fusil sur le dos, prenaient des mœurs plus farouches. Un fait tout récent les avait exaspérés. On avait répété partout dans les campagnes que le gouvernement de juillet avait aboli la peine des galères pour les crimes politiques. Cependant, Nagat et les deux frères Jégu, qui avaient arrêté la malle entre Ploërmel et Malestroit, avaient été condamnés à vingt ans de

travaux forcés. Les bleus avaient beau dire qu'il s'agissait d'un vol
à main armée commis la nuit de complicité sur la voie publique,
les paysans bretons n'entendaient pas de cette oreille : ils savaient
que les Jégu étaient des réfractaires, que l'argent du gouvernement
avait été religieusement porté à la caisse de la petite armée insur-
rectionnelle ; c'était donc bien un crime politique qui avait envoyé
leurs amis au bagne de Brest. On employait donc à la fois contre
eux la ruse et la force. On les tuait et on les trompait. Des incendies
et des assassinats répondirent à cette condamnation et à quelques
autres du même genre. Il n'aurait peut-être fallu à ce moment-là
qu'un homme habile et entreprenant pour donner à l'agitation des
proportions redoutables.

Ordre avait été donné à tous les maires de dénoncer à l'autorité les
réfractaires qui se cachaient dans leurs communes ; cet ordre avait
été affiché à la porte de toutes les mairies. Une heure après, au-
dessous de la pancarte officielle, on en lisait une autre qui menaçait
de mort tous les maires qui obéiraient aux ordres du gouvernement. À Landévant, petite commune des environs de Hennebon,
cette audacieuse menace fut affichée publiquement, à la sortie des
vêpres, en présence de tout le village et de l'adjoint du maire qui
n'osa pas souffler un mot. Rien n'était plus précaire que la position de ces magistrats municipaux, dont la plupart n'avaient à leurs
ordres ni un gendarme, ni un douanier, ni un garde champêtre.
Quelques-uns étaient de cœur avec les insurgés et les avertissaient
d'avance de la marche des gendarmes. Il n'était pas facile de trouver un bleu dans certains villages ; ailleurs il n'y avait que le maire
en fonction qui sût lire. M. Lorois, le préfet, avait cru bien faire
en choisissant, partout où il avait pu, d'anciens soldats de la république ou de l'empire ; mais ces proscrits de la veille, devenus
inopinément magistrats, manquaient d'autorité et de confiance en
eux-mêmes. Il fallut user de menaces et de promesses pour obtenir
d'eux quelques avertissements timides. Une ou deux fois le procureur du roi connut, par leur moyen, le rendez-vous d'une bande,
et put opérer des arrestations. Les chouans résolurent de se venger
des dénonciateurs d'une manière éclatante. Je dis les chouans, et
j'ai peut-être tort ; mais enfin ils prenaient ce nom, jadis illustré
par de grands courages, et que plusieurs d'entre eux, venus là pour
faire le mal, sans aucune croyance politique, étaient indignes de

porter.

Bignan est un gros bourg du canton de Saint-Jean-Brévelay, dans les environs de Locminé. On y fait un assez grand commerce de chanvre et de bestiaux, de sorte qu'il y a là une demi-douzaine de gros marchands, moitié paysans, moitié bourgeois, qui ne vont qu'à la première messe le dimanche, et qui passent, non sans raison, pour des bleus enragés. M. Brossard, ancien receveur de l'enregistrement destitué sous Charles X, était l'homme le plus lettré de ce petit groupe. Il avait été nommé maire après le 24 juillet, et s'était signalé, dès la première année de son administration, en refusant de marcher derrière le dais avec son écharpe, à la procession de la Fête-Dieu, ce qui, par une conséquence nécessaire, en avait fait l'oracle de tous les bleus de Bignan et des environs, et l'objet de l'exécration des chouans. Ses amis l'avertissaient de prendre garde à lui ; mais il n'avait pas souci de leurs conseils, et on le trouvait toujours seul, aux environs du bourg, dans des chemins creux, où il est aussi facile de tuer un homme que de tirer à la cible.

Quand l'avertissement de la préfecture relatif aux réfractaires lui parvint, il résolut de l'afficher lui-même après la grand'messe, et de faire un discours à ses administrés. C'était assez sa coutume, car il était grand orateur, et il aimait à parler, comme tous ceux qui se savent éloquents. Il attendit donc que la grand'messe fût finie, et quand on eut sonné l'*Angelus*, que l'on dit toujours en Bretagne après l'*Ite missa est* avant de se séparer, il sortit solennellement de la mairie, précédé du tambour de ville et d'un petit garçon d'une douzaine d'années qu'il appelait son secrétaire. Il fit d'abord battre un ban, puis il ôta sa casquette, monta sur une pierre, lut à haute voix la proclamation du préfet, se vanta de l'avoir lui-même provoquée, et finit par une déclaration la plus énergique de son empressement à obéir, et de sa volonté de purger la commune des brigands qui l'infestaient. Ces brigands, au nombre de huit, étaient là tout près de lui, avec leurs amis et leurs parents, et il ne tenait qu'à eux d'en finir sur-le-champ avec M. le maire. Il le savait parfaitement ; mais les regards farouches qui tombaient sur lui ne lui firent pas un instant baisser les yeux. Il colla lui-même la pancarte sur la muraille, descendit de son siége, ploya proprement son écharpe tricolore, la mit dans sa poche et marcha droit vers celui des réfractaires qui passait pour le chef de la bande.

« Eh bien ! dit-il, Jean Brien, tu as entendu. Tu sais ce qui te reste à faire. Je vous donne vingt-quatre heures pour vider les lieux. Si dans vingt-quatre heures vous n'êtes pas hors de la commune, j'écris au procureur du roi et je vous fais prendre au gîte.

— Vous ne ferez pas cela, monsieur Brossard, dit Jean Brien. Vous êtes un bleu, mais vous êtes né dans le pays. Vous savez bien que je suis chez mon père ; vous ne me dénoncerez pas.

— Je te dénoncerai, toi et les autres, aussi vrai qu'il y a un Dieu, répondit M.Brossard ; ainsi, tenez-vous tous pour avertis. »

Personne ne répondit ; le maire fendit la presse avec quelque difficulté, et traversa la rue pour entrer dans un cabaret où il se mit à jouer aux cartes avec le percepteur et un marchand ambulant, nommé Gautron, qui se trouvait à Bignan pour la prochaine foire. Les paysans stationnèrent longtemps en groupes serrés contre la porte de la mairie ; mais personne ne toucha à la proclamation, et on n'essaya même pas, comme on avait fait ailleurs, d'y accoler une pancarte séditieuse. Les cabarets eurent tort ce jour-là, car personne ne quitta le cimetière entre la messe et les vêpres. Tous les paysans restèrent là immobiles, sans se parler, sans crier, les hommes debout, les femmes assises sur les tombes. La mère de Jean Brien s'approcha de lui deux ou trois fois et voulut le prendre par le bras ; mais il la repoussa doucement, et se retira à l'écart avec les autres réfractaires. Au dernier coup de vêpres, tout le monde entra dans l'église. Le maire se montra alors sur la porte du cabaret, regarda de loin son affiche intacte, et dit à ses confédérés avec une satisfaction intime : « Il ne s'agit que d'avoir de la fermeté. »

La foire au chanvre tombait le mercredi suivant, et les gendarmes de Plumelec devaient venir à Bignan pour ce jour-là ; mais on ne fut pas étonné, dans les circonstances où on se trouvait, de voir arriver, dès le mardi, une quinzaine d'hommes du 43e de ligne, sous la conduite d'un sergent, et autant de gendarmes mobiles. Le maire se donna beaucoup de mouvement pour installer sa garnison ; il retint à souper les sous-officiers, et les avertit que les réfractaires n'avaient pas quitté la commune ; qu'ils s'étaient réunis à Kerdroguen, à une demi-lieue du bourg environ, chez un riche meunier qui avait plus d'une fois couru les champs avec eux dans le cours de l'année ; qu'on avait vu des jeunes gens étrangers au pays se glisser au moulin par les courtils ; qu'ils étaient peut-être une vingtaine, la plupart bien armés, et qu'il était nécessaire de les arrêter dans la nuit, parce qu'ils pourraient trouver des défenseurs parmi les paysans qui couvriraient les chemins le jour suivant, dès la matinée.

L'adjoint, qui était un ancien sergent, se chargea de conduire les soldats et la gendarmerie mobile à travers les champs, pour prendre le moulin par derrière, tandis que la brigade de Plumelec arriverait tout droit par le chemin et se présenterait à la porte. Quant au maire, il déclara qu'il suffirait à lui tout seul pour faire la police dans le bourg, jusqu'au retour de l'expédition. C'était une promesse un peu téméraire, car, dans les villages bretons, la population est sur pied, les jours de foire, dès quatre heures du matin. Les déballages se font, les boutiques se dressent, les morceaux de lard commencent à chanter dans la friture, on met en perce les tonneaux de cidre, les aveugles et les culs-de-jatte entonnent leurs complaintes, on achève à grands coups de marteau de clouer la baraque des jongleurs, et les bestiaux mêlent à ces bruits confus leurs mugissements. Mais M. Brossard n'en était que plus charmé d'avoir une si belle occasion de déployer son activité et son zèle. Il se jeta tout habillé sur son lit après le départ de ses hôtes, recommanda à son adjoint de le réveiller dès que les prisonniers seraient arrivés, et s'endormit paisiblement.

La nuit était noire. Les soldats sortirent du bourg séparément par divers côtés, et se réunirent à quelque distance. Ils ne furent pas un quart d'heure à se rendre à Kerdroguen ; et, sur le minuit, la maison se trouva enveloppée. Caché derrière un massif de pommiers qui croissaient presque au niveau du toit, parce que le moulin était sur une pente, l'adjoint aperçut le maréchal-des-logis de Plumelec qui s'avançait avec ses quatre hommes, et il l'entendit frapper à la porte du moulin. Un chien se mit à aboyer ; mais personne ne répondit de l'intérieur. Les hommes de l'embuscade mirent la main sur la batterie de leurs fusils, et se tinrent prêts à courir au moindre signe au secours de leurs camarades. On ne voyait aucun mouvement dans la maison ni aux alentours, et quand le chien se taisait, on n'entendait que l'eau qui clapotait sous les vannes. Cette attente dura bien un quart d'heure, pendant lequel le maréchal-des-logis heurta plusieurs fois à la porte, appela à haute voix le meunier, et déclara qu'il serait obligé de recourir à la force si on ne se mettait pas en mesure de lui ouvrir. Enfin, ne recevant aucune réponse, il donna l'ordre d'enfoncer la porte. La plupart des soldats accoururent en ce moment pour prêter main-forte ; mais la porte céda du premier coup, et la troupe pénétra dans l'intérieur.

Tout était noir comme dans un four. L'adjoint battit le briquet, et l'on eut bientôt allumé plusieurs chandelles de résine. On se mit à chercher de tous côtés dans la première chambre. La nappe était sur le coffre avec les assiettes et les chopines ; il était clair que quinze ou dix-huit personnes avaient soupé là. Deux lits superposés selon l'usage des chaumières bretonnes, n'avaient pas été défaits. On regarda dans la cheminée, ordinairement garnie de quatre ou cinq fusils ; il n'y en avait plus un seul. Tout à coup on entendit marcher à l'étage supérieur.

En ce moment, la chambre où étaient les soldats devint silencieuse comme la tombe. Tout le monde leva les yeux vers les planches mal jointes qui servaient de plafond ; dans chaque fente on croyait voir braqué le canon d'un fusil. Une échelle en mauvais état conduisait à l'étage supérieur. Le sergent s'y précipita, comme un soldat qui voit tomber une bombe à dix pas de sa compagnie et qui se dévoue pour sauver ses camarades. Quelques hommes déterminés l'y suivirent. Ils soulevèrent la trappe qui servait de communication, et quand ils furent ainsi au premier étage du moulin, ils se trouvèrent en présence de la mère et de la femme du meunier. Il n'y avait pas d'autre garnison dans cette forteresse qui pouvait être si aisément défendue. On fouilla sous les lits, sous les coffres ; on fureta dans tous les coins du moulin ; on éventra plus d'un sac de grain avec la pointe des sabres ; on frappa sur les lattes qui soutenaient la couverture de chaume pour s'assurer qu'elles étaient solidement clouées et qu'elles n'avaient pu laisser échapper les fuyards. Enfin, il fut bien démontré qu'on était arrivé au moulin après le départ de la bande. C'était une partie manquée. Le sergent en pleurait de rage. Il sortit le dernier, et voulut descendre sous la berge, pour voir si personne ne se cachait le long de la rivière. Il fallut l'arracher de là et le raisonner.

Il était près de trois heures du matin, tant la visite des localités avait été minutieuse et acharnée. La troupe reprit le chemin de Bignan, ayant toujours l'œil aux aguets, interrogeant les arbres et les buissons. Rien ne se montra ; il fallut se résoudre à réveiller le maire pour lui annoncer cette déconvenue.

IV

M. Brossard demeurait au centre du bourg. Il habitait une petite maison neuve, qui n'avait qu'un seul étage et deux fenêtres de champ sur la façade. Le rez-de-chaussée contenait deux pièces ; d'un côté la cuisine, de l'autre une salle à manger ; l'escalier était entre les deux. La chambre du maire était au-dessusde la salle à manger ; une grande salle attenante servait de réserve et ne renfermait que deux ou trois grandes armoires. Au-dessus, dans une mansarde unique, couchait une vieille paysanne entièrement sourde, qui faisait le ménage, et quelquefois un peu de cuisine quand M. Brossard ne dînait pas à l'auberge du Cheval blanc. La porte principale donnant sur la rue n'était jamais fermée qu'au loquet. Une sonnette placée à l'intérieur, et que la porte faisait mouvoir en s'ouvrant, suffisait à la sécurité de M. Brossard, dans un pays où l'on assassine quelquefois, mais où on ne vole presque jamais. Il y avait sur une planche, à l'entrée de l'allée, une lanterne et des allumettes qui servaient au maire quand il rentrait chez lui à la nuit close. L'adjoint, qui connaissait les habitudes de la maison, fit stationner les soldats devant la porte, entra avec les trois sous-officiers, alluma la lanterne, monta l'escalier, et vint heurter contre la porte du maire. En ce moment, le brigadier de gendarmerie l'arrêta brusquement par le bras.

« Vous marchez dans l'eau, » lui dit-il.

L'adjoint regarda et vit une mare à ses pieds. Il baissa vivement la lanterne et poussa un cri. Ses trois compagnons s'étaient penchés en même temps que lui, et tous trois contemplaient cette mare avec horreur.

Le brigadier se releva le premier.

« C'est du sang, dit-il ; il y a eu ici un malheur ! »

Ils entrèrent précipitamment dans la chambre du maire.

Ils sentirent une odeur âcre qui les saisit, mais rien ne paraissait dérangé. Les meubles étaient à leur place ; les rideaux blancs tombaient des deux côtés du lit sur lequel le maire était étendu. Ils s'avancèrent vers lui, et virent que les draps étaient tachés de sang ; mais on les avait relevés soigneusement sur le cadavre. L'adjoint le toucha ; il était déjà refroidi. Quand il souleva le drap pour porter la main sur le cœur, les trois sous-officiers poussèrent une exclamation d'effroi. La proclamation menaçante des chouans était plantée avec un couteau sur la poitrine de la victime.

Le maréchal-des-logis, qui avait été chargé de plus d'une instruction, se mit alors à examiner l'état des lieux. Il fut au secrétaire ; la clef était à la serrure, il l'ouvrit : tout était en ordre ; l'argent était dans le tiroir. Une commode contenant du linge et d'autres effets n'avait pas été touchée. Une table de bois noirci, qui servait de bureau, était dans l'état où M. Brossard l'avait laissée. Les plumes, l'encrier, les crayons, le papier blanc, tout était rangé avec symétrie comme il l'avait laissé la veille. Le plancher était couvert de boue et de sang ; il était évident que plus de quinze personnes étaient entrées et qu'elles venaient de marcher dans des chemins humides. On remarqua même des traces de terre glaise comme il y en avait sur la route de Kerdroguen. L'empreinte des souliers ferrés et des sabots était encore visible sur cette poussière humide, où la crosse des fusils avait aussi laissé sa trace. Le maréchal-des-logis regarda sous le lit, souleva un tapis de pied, secoua les rideaux sans trouver aucun indice qui pût faire reconnaître les coupables. Ce ne fut qu'au moment de sortir de la chambre que l'adjoint aperçut derrière une chaise un chapeau qu'il ne reconnut pas pour avoir appartenu au maire ; il le prit, et quand on en eut approché la lanterne, on put voir ces mots écrits à l'intérieur, selon la mode des écoliers : Jean-Pierre Nayl, élève du collége de Vannes, rue des Chanoines, n° 17.

Pendant qu'on se livrait à ces perquisitions, les gendarmes et les soldats battaient les chemins de tous côtés. Les esprits furent divisés le lendemain pendant la foire. Quelques-uns approuvaient les meurtriers ; le plus grand nombre les blâmait ; les légitimistes surtout exprimaient avec vivacité leurindignation ; cependant personne ne bougea pour aider les recherches des gendarmes. Jean Brien, qu'on regardait comme le chef de l'expédition, ne put être arrêté ; mais on mit la main sur Jean-Pierre Nayl et ses deux frères. Il fut prouvé qu'il était parti avec eux pour se réunir à la bande de Bignan quatre jours avant l'attentat. On les arrêta dans une hutte de charbonniers, à une portée de fusil de Saint-Allouestre. Ils ne firent aucune résistance et se laissèrent conduire à la prison de Vannes. Tout le monde les connaissait dans la rue du Mené, et tout le monde les plaignait quand ils y passèrent en plein jour, attachés tous les trois avec une corde. La veuve Guillemin, chez laquelle ils logeaient, eut le courage d'aller les embrasser au milieu de la rue, et de leur dire qu'elle ne doutait pas de leur innocence. On apprit à Vannes, quelques jours après, que le dimanche qui avait précédé l'assassinat, le vieux père Nayl, étant au jeu de boule, avait dit devant tout le monde, que si un maire dénonçait les réfractaires, il faudrait lui *faire son affaire*, que ce serait bien fait, et qu'il espérait bien, si ses fils étaient dénoncés, qu'ils auraient le temps de se venger avant d'être pris.

V

Tous ces détails me désolaient. Le procureur du roi avait fait venir de Kerdroguen un petit garçon à qui vous auriez donné douze à treize ans, et qui avait pour fonctions de porter le grain au moulin et la farine aux pratiques. Il se trouva que cet enfant avait vingt ans et était sur le point de tirer à la conscription. C'était un témoin respectable. Il connaissait les Nayl, à qui il avait souvent prêté sa jument quand elle revenait à vide et qu'ils avaient fait une longue course à pied, car il y a bien cinq lieues de Saint-Allouestre à Bignan. Il essaya d'abord de faire le fin quand il fut interrogé ; il soutint qu'il ne connaissait aucun des frères Nayl, mais cela ne put tenir : on lui prouva clair comme le jour qu'il les connaissait tous trois à merveille. On le menaça, comme de raison, pour avoir voulu mentir. Il fut intimidé, et avoua nettement qu'ils avaient soupé tous les trois chez son maître la veille du crime, qu'ils avaient chacun leur fusil, qu'ils étaient partis avec la bande pour aller chez le maire, qu'il avait même fait un bout de chemin avec eux, mais qu'à l'entrée du bourg on l'avait renvoyé, en lui jetant des pierres, pour le forcer de retourner au moulin plus vite. Cette déposition était d'autant plus accablante qu'elle n'avait pas été faite spontanément ; de sorte que la présence des prisonniers en armes sur le lieu du crime était péremptoirement démontrée. À la vérité, on ne pouvait établir qu'ils avaient eux-mêmes porté la main sur le malheureux Brossard, et nous étions tous bien convaincus qu'ils n'avaient coopéré à l'assassinat que par leur présence ; mais que pouvait faire leur avocat ? L'acquittement était impossible, et la condamnation ne pouvait être qu'une condamnation à mort ou aux travaux forcés.

Lorsque je fus voir M. Jourdan, qui était chargé de la défense, je le trouvai très-découragé.

« Ils se prétendent innocents, me dit-il ; ils affirment qu'ils ont été menés par force dans la chambre de la victime et qu'ils ont lutté contre les assassins ; mais c'est un système déplorable que je n'oserai même pas plaider. Avant de les avoir vus, je croyais pouvoir établir un alibi ; je comptais sur leur jeunesse, sur leurs bons antécédents ; mais leurs propos me cassent bras et jambes. Il est évident qu'ils sont coupables, et je ne pourrai éviter une condamnation. »

Tous mes efforts pour entrer dans la prison furent inutiles. On avait prévu que les écoliers demanderaient à voir leurs camarades, et des ordres avaient été donnés pour refuser toute permission. J'avoue que je me sentais l'âme bouleversée. Ce grand crime si près de moi m'effrayait. Je me demandais si l'on pouvait répondre de soi-même, après avoir vu une transformation si complète et si déplorable. J'essayais quelquefois de me dire que le fanatisme politique était une excuse ; mais ma conscience parlait aussitôt, et si fort, que je rougissais d'avoir douté. Je me sentais douloureusement affecté entre la honte, l'horreur et un reste de pitié. Je m'efforçais inutilement de retourner à mes études, mon esprit était envahi par ce malheureux procès ; j'en rêvais le jour et la nuit. Quand même j'aurais pu l'oublier, j'avais près de moi un spectacle qui me le rappelait sans cesse ; c'était la famille Nayl. Je la voyais chaque jour. Ils n'avaient que moi pour les visiter, je ne dis pas, grand Dieu ! pour les consoler.

Vers six heures du soir, je me trouvais libre du travail de la journée ; j'allais aussitôt à leur auberge. Je me souviens que je hâtais toujours le pas pour y aller, dans l'espoir d'apprendre du nouveau, et qu'arrivé au bas de l'escalier, j'y restais quelquefois un quart d'heure sans oser monter. J'étais sûr de les trouver tous les trois ; car ils ne sortaient chaque jour qu'une heure pour aller à la prison. Le père se tenait toujours debout près de la fenêtre ; Madame Nayl, la mère, pleurait sur un tabouret au coin du foyer. Pour la bru, je ne pourrai jamais dire le respect et l'admiration qu'elle m'inspirait. Ce n'était pas une héroïne de roman, tant s'en faut ; elle avait une figure assez commune, de grosses mains habituées à remuer la terre, à couler la lessive, à teiller le chanvre. Elle portait le costume disgracieux des filles de Saint-Allouestre et de Saint-Jean-Brévelay, une longue coiffe de toile empesée, qui lui tombait toute roide jusqu'au milieu du dos, et une jupe de drap. Son esprit à l'avenant de sa personne, ni trop fin, ni trop grossier. Je présume qu'elle en savait assez pour mener une grosse ferme et gouverner une ou deux servantes. Mais ce qu'il y avait de grand en elle, c'était son dévouement et son courage. Après les premiers jours donnés aux larmes, elle avait compris que ces deux vieillards retombaient à sa charge comme deux orphelins, parce que Dieu, en les frappant, leur avait presque ôté l'esprit. Aussitôt, elle avait essuyé ses yeux et s'était mise à les soigner comme une bonne mère, à les nourrir, à les consoler. On voyait du premier coup, en entrant dans cette triste demeure, qu'elle seule vivait encore ; les deux autres auraient été vraiment des cadavres, sans l'atroce douleur qui les torturait. Pendant qu'elle travaillait sans relâche, balayant, lavant, faisant la cuisine, elle avait l'œil sur ses pauvres vieux. Tantôt elle approchait une pipe toute bourrée des lèvres de son père ; tantôt, en passant auprès de la mère, elle lui jetait les bras autour du cou et mettait sur ses lèvres un chaud baiser. Si M. Jourdan venait, car il était bon, et dès qu'il avait une lueur d'espérance il accourait, Marion l'entendait monter l'escalier tournant ; elle allait à lui et lui indiquait les paroles qu'il fallait dire pour fomenter quelque espérance dans ces deux cœurs ; non pas assez d'espérance pour les tromper, mais assez pourtant pour les faire vivre encore quelques jours. Elle-même n'était pas dupe, elle se sentait blessée à mort ; mais elle faisait comme ces capitaines qui rassemblent toutes leurs forces pour commander la charge d'une voix ferme, sauf à tomber roides morts quand une fois l'élan est donné. Un point surtout où elle était admirable, c'était dans sa conviction de l'innocence de son mari et de ses deux beaux-frères. « Ils n'ont pas fait le coup, je vous le dis. Ce qui m'étonne, disait-elle, c'est qu'ils ne se soient pas fait tuer pour le sauver ; mais soyez sûrs qu'on les aura tenus de force.

Je connais mon homme, je connais les deux frères. J'en lève la main devant Dieu ! » Sa voix, son accent, quand elle parlait ainsi, allaient à l'âme. Le vieux disait quelquefois, mais en hésitant, parce que son cœur et son malheur démentaient sa doctrine : « Ils ont bien fait… » Alors elle lui mettait la main sur la bouche. « Taisez-vous, père, lui disait-elle, est-ce qu'une femme ne connaît pas son mari ? Il n'a jamais rien fait de semblable, aussi vrai que j'espère le paradis. » Et elle allait à sa mère : « Eh ! dites-le-lui donc, mère ; rendez donc justice à votre sang. Ils en feront peut-être des martyrs. — Et alors un sanglot la prenait. — Mais c'est ce jour-là qu'on verra un crime ! » Un jour que j'assistais à une de ces scènes, elle s'aperçut que je fondais en larmes. « Mais dites-le-lui donc aussi, vous, me cria-t-elle, en me serrant la main avec une force convulsive, vous, leur ami, vous qui avez vécu avec eux ; vous qui avez prié le bon Dieu avec eux, dites-le, qu'ils sont innocents ! »

— Oui, m'écriai-je, car sa foi passait en moi ; et en la voyant, je retrouvais dans ma pensée mes pauvres amis tels que je les avais connus, si purs, si naïfs, si bons, si éloignés de tout fanatisme ; oui, je le crois, je le crois comme vous !

— « Et que Dieu soit loué ! criait la pauvre femme. Et vous voyez bien, père, disait-elle ; » et elle me jetait à lui. Mais le vieillard se détournait contre le mur, peut-être parce qu'il pleurait. Je sortais de là la tête en feu ; tout mon sang brûlait. Il y avait un calvaire tout près, à la porte de l'église du Mené ; je me jetais à genoux devant, sans me soucier de ceux qui passaient. Le monde m'était indifférent dans une telle douleur. J'entendais qu'on disait : « C'est l'ami desprisonniers, » mais on n'y mettait pas de raillerie. C'est un bon peuple ; ils auraient plutôt pleuré avec moi, s'ils avaient osé.

VI

Quand vint le jour de l'audience, je me promis d'être au premier rang, pour que les yeux des accusés pussent s'attacher sur moi. Guyomar devait se tenir prêt à courir chez le père au moindre incident. J'avais obtenu sans trop de peine de l'abbé Le Ber, qui malgré la différence d'âge était pour nous un ami, qu'il se promènerait toute la journée devant la porte du séminaire, pour accompagner

Guyomar, si, comme cela n'était que trop présumable, il y avait à annoncer un malheur. On était au 17 décembre ; il avait fait de la neige toute la nuit, et il y avait du verglas par-dessus la neige. L'audience était indiquée pour neuf heures ; à huit j'étais au haut de l'escalier de la famille, l'oreille appliquée contre la porte.

« Entrez, nous sommes prêts, me dit la voix de Marion. Je les trouvai tout habillés et prêts à sortir.

— C'est tenter Dieu, m'écriai-je, que d'amener là une mère. »

Mais on ne me répondit même pas. Le père fit un grand signe de croix, et marcha le premier ; les deux femmes suivirent en se soutenant. Marion remonta vivement après avoir déjà descendu deux marches ; elle prit un chapelet qui pendait au mur et le mit dans la main de la vieille mère. Je n'essayai pas de résister ; je les suivis. Le prétoire était comble et la foule regorgeait jusque dans la cour ; mais on nous fit place, et nous arrivâmes jusqu'à la barre qui sépare le public de l'enceinte réservée au tribunal. Le procureur du roi était déjà sur son siége ; il pâlit en nous voyant, appela M. Jourdan, et lui parla à l'oreille.

« Je vous comprends bien, dit M. Jourdan à voix haute, mais ni votre autorité ni mes prières n'obtiendraient rien. »

Le procureur du roi fit un geste de résignation, et je suis sûr qu'il pensa en ce moment que jamais le devoir ne lui avait été si dur. Quelques minutes après, il fit porter des chaises par l'huissier, pour que les femmes fussent assises. Je les sentais trembler et tressaillir près de moi. On annonça la cour, et presque aussitôt les accusés furent introduits.

VII

Je ne me charge pas d'expliquer comment il se fait que ces deux longues audiences n'ont laissé dans mon esprit qu'un souvenir tout à fait confus, tandis que je me rappelle dans leurs moindres détails tous les autres incidents de cette triste histoire. Fermement convaincu qu'un acquittement était impossible, et préférant pour mes amis l'échafaud aux galères, j'assistais là comme au commencement d'un long supplice, et non comme à un procès. Les pauvres garçons étaient pâlis et maigris par les soucis et la captivité. Ils entrèrent pourtant avec assez de fermeté ; mais quand ils virent à deux pas de leur banc ces deux femmes et ce vieux père, leur courage les abandonna. Jean-Louis put tendre la main à sa femme, qui la couvrit de larmes et de baisers ; ensuite il se retourna vers le tribunal, et je vis bien qu'aucun d'eux ne voulait plus regarder de notre côté.

Je ne prêtai nulle attention à la lecture de l'acte d'accusation, qui ne pouvait contenir que des faits malheureusement trop connus ; mais M. Jourdan me dit à l'oreille qu'il était rédigé avec une habileté funeste, et que les dispositions du jury n'étaient pas bonnes. Je m'aperçus, en effet, que pendant la lecture de cette pièce, qui était fort longue, les impressions de l'auditoire devenaient de plus en plus hostiles. Il n'y avait là que des habitants de la ville, pour lesquels un chouan était un ennemi, et qui, n'entendant parler depuis plus d'un an que de vols à main armée, d'assassinats, d'incendies, de bandes parcourant la campagne, étaient animés du désir de mettre fin à ces désordres par une répression sévère. Le mouvement de pitié excité par la famille des accusés à son entrée dans la salle fut bien vite oublié quand on entendit les émouvants détails de la mort de M. Brossard. Le procureur du roi s'était fait un devoir de raconter tout ce qui pouvait être à l'honneur de la victime ; c'était évidemment un honnête homme, généreux, loyal, et qui pouvait justement passer pour le bienfaiteur de sa commune. En dénonçant les réfractaires, il n'avait fait que remplir le devoir strict de sa place. N'était-ce pas aussi le devoir d'un bon citoyen que de combattre une rébellion si funeste au pays, et qui, sous couleur de politique, n'était en réalité qu'un brigandage ? M. Brossard avait poussé la modération jusqu'à ses dernières limites, puisqu'il avait laissé aux coupables un délai pour sortir du pays. Ce n'était pas seulement de la modération ; c'était de la faiblesse. Cependant, ils étaient allés le surprendre dans son sommeil ; ils l'avaient pour ainsi dire haché en morceaux, car l'acte d'accusation comptait les plaies, et cet acharnement des meurtriers faisait frémir. On se rappelait avec horreur ce couteau planté dans la poitrine du mort avec une proclamation, et on se demandait où s'arrêterait la témérité des assassins.

L'interrogatoire fut écouté avec une malveillance manifeste. Jean-Louis, l'aîné, qui répondit le premier, déclara nettement qu'il n'avait pas pris part à l'assassinat, qu'il s'était même efforcé de l'empêcher, mais qu'on l'avait solidement tenu, lui et ses frères, dans un coin de la chambre, pendant que le crime se consommait. Le président remontra combien ces allégations étaient invraisemblables. « Pourquoi, s'ils étaient opposés à l'assassinat, avaient-ils accompagné les assassins ? — On les y avait forcés. — Dans quel but ? —Impossible de le dire. — Mais quand on va faire un mauvais coup, on ne mène pas avec soi des gens tout exprès pour servir plus tard de témoins. — À cela l'accusé ne répondait pas. — Vous êtes tous les trois vigoureux ; Brossard était d'une force extraordinaire. Si vous aviez lutté, vous auriez au moins servi à donner l'alarme. Un assassinat est impossible au milieu d'un bourg, même par une bande, en présence de trois hommes déterminés. » Point de réponse. Quand ce fut le tour du jeune frère, et qu'on lui demanda pourquoi, au lieu de rejoindre son régiment, il s'était jeté dans la bande des réfractaires, il se troubla et ne répondit pas.

« Est-ce votre père qui vous a donné ce conseil ?

— J'ai fait comme les autres, répondit-il ; mais pour l'assassinat, ni moi ni mes frères n'y avons trempé ; nous nous serions fait tuer pour l'empêcher.

— Taisez-vous, dit impérieusement le président, au moins pas d'hypocrisie. »

On fit entendre plusieurs témoins pour démontrer que les frères Nayl étaient depuis huit jours avec les réfractaires du canton de Saint-Jean-Brévelay ; qu'ils avaient accompagné la bande à Kerdroguen, et soupé chez le meunier, et qu'enfin ils étaient entrés avec les autres dans la maison du maire.

Ces dépositions, qui portaient sur des faits connus et avoués, n'offraient aucun intérêt. Les voisins attestèrent qu'ils n'avaient rien entendu, ce qui prouvait qu'il n'y avait pas eu de lutte. De la maison située en face de celle de M. Brossard, on avait vu de la lumière dans sa chambre, et l'ombre de plusieurs personnes ; mais on n'y avait pas pris garde, parce qu'il était naturel qu'il conférât cette nuit-là avec les soldats et les gendarmes. Une déposition terrible fut celle du médecin. Il dit que, selon toutes les probabilités, Brossard avait été fortement saisi aux quatre membres, et qu'on l'avait ainsi assassiné sans qu'il pût essayer de se défendre. Il avait reçu dix-huit coups de couteau, dont les plaies étaient horribles. Les assassins s'étaient acharnés sur son cadavre, car il avait dû mourir après les premiers coups. Ces détails produisirent un tel effet, que l'audience ayant été levée en ce moment, après une journée fatigante, le président crut devoir prendre des mesures pour empêcher l'escorte des prisonniers de traverser les groupes. L'agitation durait encore le lendemain dans la salle, et l'on se répétait tout haut les détails de la déposition du médecin avant l'entrée de la cour. Il n'y avait plus à entendre que les témoins à décharge et les plaidoiries. M. Jourdan avait passé plusieurs heures avec les accusés après l'audience de la veille, et l'énergie de leurs protestations avait fini par triompher de ses doutes ; mais il me dit avec accablement, que toutes les convictions étaient faites, et qu'il fallait accoutumer la famille à l'idée d'un recours en grâce. Le principal témoin à décharge était le vénérable curé de Saint-Allouestre, vieillard de soixante-seize ans, qui émut un instant l'auditoire par la chaleur de ses protestations.

« Les croyez-vous capables d'une méchante action ? disait M. Jourdan ; capables d'un assassinat ? »

Mais quand le témoin avait répondu à ces questions, le procureur du roi lui demandait quelles étaient les opinions de la famille. Le père des accusés n'était-il pas ce même Nayl qui, en 1802, avec Sapinaud et l'abbé Moisan, avait réussi à jeter sur la côte de Saint-Gildas dix mille fusils envoyés par les Anglais ? N'avait-il pas gardé pendant trente ans, pendue dans sa maison, à côté de son crucifix, l'épée d'un capitaine de volontaires qu'il avait tué de sa propre main ? Un tel homme, après avoir poussé ses fils à se faire réfractaires, ne pouvait-il pas leur avoir soufflé l'idée de l'assassinat ? Le curé lui-même n'avait-il aucun reproche à se faire ? Depuis la révolution, on ne chantait plus le *Domine salvum* à la paroisse de Saint-Allouestre. Pas un des jeunes conscrits des deux dernières années n'avait rejoint son régiment. L'évêque lui en avait écrit. Et qu'avait-il répondu à son supérieur ecclésiastique, à son père spirituel ? « Je ne puis condamner une conduite que j'aurais tenue si j'étais à leur âge. Je ne puis conseiller de prêter un serment que je ne prêterais pas, si on me le demandait. » La pièce était au dossier. Le curé avait poussé l'aveuglement jusqu'à prêcher l'insurrection en termes à peine couverts. N'avait-il pas, un dimanche, après le prône, récité tout haut, sur les marches de l'autel, un Pater et un Ave Maria pour *nos braves jeunes-gens ?* Personne ne s'y était trompé… »

M. Jourdan voulut intervenir ; mais le procureur du roi prit le témoin à partie, et lui parla sévèrement de ses devoirs et de la responsabilité qu'il encourait. Les débats étaient terminés. Avant d'en prononcer la clôture, le président s'adressa aux trois frères, et leur rappela qu'aucun témoin n'avait appuyé la supposition invraisemblable sur laquelle était fondée leur défense :

« Je vous répète, ajouta-t-il, ce qui a été dit dans l'instruction : s'il est vrai que vous soyez les victimes des assassins et non leurs complices, ils sont vos plus cruels ennemis, et vous ne leur devez aucun ménagement. Il vous est facile de mettre la justice sur leurs traces. Ce sont vos seuls témoins à décharge, il ne peut y en avoir d'autres. Votre obstination à ne pas les dénoncer sera relevée contre vous comme une preuve que vous n'attendez rien de leur témoignage. Jean-Louis, dit-il en s'adressant à l'aîné des frères, vous avez une jeune femme que vous aimez… Je vous indique le seul moyen de vous sauver… »

Marion s'était levée convulsivement en entendant prononcer son nom. Son mari se leva aussi. Sa figure devint rouge, puis toute pâle. Il ouvrit la bouche, comme s'il allait parler ; mais il resta muet. Ses deux frères s'étaient levés à demi en se tournant vers lui. Il regarda Marion, qui avait l'air d'une morte ; mais elle dit à demi-voix, de manière à être entendue jusqu'aux siéges de la cour :

« Plutôt mourir ! »

Son mari se retourna vers la cour, et dit d'une voix assurée :

« Je n'ai rien à dire ; je suis innocent ! »

Les plaidoiries ne pouvaient être longues. La délibération du jury ne dura que quelques instants ; et la cour ne tarda pas à rapporter un arrêt portant trois condamnations à la peine de mort. Je m'étais épuisé en vains efforts pour emmener les parents. Le président lui-même les avait fait conjurer de se retirer ; mais ils restèrent jusqu'au bout. À les voir à ce dernier moment, on aurait dit que leur raison était égarée.

VIII

Il faisait nuit depuis longtemps ; le fond de la salle était assez obscur, et la foule s'écoulait avec lenteur. Les huissiers s'empressèrent avec beaucoup d'humanité de nous ouvrir une communication intérieure ; mais Marion voulait embrasser son mari ; elle me tirait avec une telle force, que je fus contraint de la suivre. Quand nous entrâmes dans la cour, les condamnés descendaient par une autre porte, environnés de gendarmes. Marion fendit la foule et se jeta au cou de son mari. Comme il avait les menottes aux mains et que son émotion le faisait défaillir, il fut soutenu par un vieux brigadier de gendarmerie, dont une grosse larme mouilla la moustache.

La mère s'approchait aussi toute tremblante pour embrasser ses enfants ; mais M. Jourdan fut au-devant d'elle en me criant de ramener Marion ; et il leur fit comprendre, non sans peine, qu'il valait mieux aller à la prison et éviter la foule. Un huissier arrivait dans le même moment porteur des mêmes instructions de la part du président des assises. Il était chargé de dire à la famille que tout accès lui serait donné auprès des prisonniers, et que, s'ils se décidaient à signerune demande en grâce, la cour tout entière l'apostillerait. Nous revînmes par les petits murs, afin d'éviter la foule. Arrivés dans la chambre, le père se mit à genoux, les deux femmes s'agenouillèrent aussi derrière lui, et il récita tout haut le *De Profundis*, les femmes répondant à chaque verset. La prière finie, Marion se leva et me dit qu'elle allait aider sa belle-mère à se mettre au lit ; que pour elle et le père, ils passeraient la nuit à prier. Puis, en me serrant la main, elle ajouta :

« On vous laissera peut-être entrer ce soir. »

Je la compris, et je sortis aussitôt. Je ne pouvais pas parler, parce que les larmes me suffoquaient. D'ailleurs, que leur aurais-je dit ? Je marchai dans la neige et tête nue jusqu'à la prison. Le froid glacial qu'il faisait apaisait un peu le mouvement de mon sang. Le concierge m'introduisit sur-le-champ, en me disant que M. Jourdan était avec eux.

« Eh bien, m'écriai-je en entrant, car je n'avais qu'une seule pensée, avez-vous signé votre appel ? »

Ils ne me répondirent rien, et restèrent immobiles, l'œil fixe, le visage en feu.

« Parlez-leur, » me dit M. Jourdan, dont la voix me fit tressaillir.

Je portai les yeux sur lui, et je m'aperçus qu'il pleurait.

« Voilà plus d'une heure, me dit-il, que je les supplie d'en appeler. Cet appel nous donnera plusieurs mois ; on fait beaucoup avec du temps. Il suffit que quelqu'un de la bande soit arrêté, pour que leur innocence devienne évidente. Car j'y crois, dit-il avec explosion et en se levant, j'y crois invinciblement à cette heure ; et s'ils meurent, ils emportent pour toujours ma paix avec eux. Mais vous les voyez tels qu'ils sont depuis le jugement, immobiles comme des statues. J'ai prié, j'ai supplié, je me suis mis à genoux devant eux ; j'ai parlé de leur père et de leur mère, de la femme de Jean-Louis, de moi-même : je leur ai dit tout ce que j'ai pu imaginer, rien ne les remue. Mais, malheureux ! dit-il en retournant à eux et en secouant le plus jeune des frères, c'est un crime que vous faites là ! »

Et changeant tout à coup de sentiment :

« Au nom de Jésus-Christ, dit-il, au nom de votre père et de votre mère ! par pitié pour moi… ! »

Et il lui embrassait la tête et les mains, qu'il couvrait de larmes. Cela dura longtemps avec un emportement d'effroi et de compassion que je ne puis dire. Enfin Yvonic se leva :

« Il n'y a pas de justice, dit-il d'une voix rauque. Il vaut mieux mourir tout de suite. »

Nous n'obtînmes pas d'autres paroles. On vint nous dire qu'il fallait les quitter jusqu'au lendemain. Alors Jean-Louis me dit tout bas :

« Que fait-elle ?

— Elle compte que vous en appellerez, lui dis-je. Ce sera pour tous le coup de la mort si vous vous obstinez.

— À la grâce de Dieu ! dit-il ; mon parti est pris. »

Quand je me trouvai dehors avec M. Jourdan, il me sembla que tout tournait autour de moi. Il me donna rendez-vous chez lui le lendemain matin à huit heures.

Nous avions résolu de retourner de bonne heure à la prison, et d'y mener avec nous toute la famille pour obtenir enfin la liberté d'agir. Nous trouvâmes le père et la fille assis sur des escabeaux devant un feu éteint, qu'ils ne songeaient pas à rallumer. Ils avaient passé la nuit là, immobiles et silencieux. Le père se leva, et fut serrer avec force la main de M. Jourdan. « Ne me remerciez pas encore, Nayl, lui dit-il. Je n'ai pas fini. J'espère que je les sauverai ; mais il faut qu'ils m'y aident. » La figure du vieillard resta morne, et je vis qu'il n'avait aucune espérance. « La vieille devient folle, » nous dit-il d'un air d'accablement. Et, en effet, j'appris de Marion que sa belle-mère paraissait avoir perdu le sentiment de ce qui se passait. Pour elle, elle était active et déterminée ; et l'on voyait que l'espoir survivait en elle avec la ferme résolution d'agir. Quand nous l'eûmes mise au courant de ce qui s'était passé dans la nuit, et que nous lui parlâmes d'essayer de les attendrir : « C'est bien inutile, dit-elle, puisque leur parti est pris. Mais si le juge leur disait lui-même qu'il faut appeler, peut-être changeraient-ils. » Ce fut pour nous un trait de lumière. Ces quelques mots nous donnaient le secret de l'obstination des trois frères qui ne croyaient plus à la justice humaine, et ne voulaient plus disputer leur vie, moitié par découragement, moitié par indignation. Nous courûmes en toute hâte chez le procureur du roi. « Que voulez-vous ? dit-il à M. Jourdan. Je ferai tout pour seconder vos efforts. Quoique la condamnation soit juste, la pensée de voir ainsi mourir, dans la force de la jeunesse, ces trois hommes dont la vie a été pure jusqu'ici, me bouleverse. Je ne puis signer la demande en grâce ; mais quand mon rapport me sera demandé, je puis vous dire d'avance qu'il sera favorable à une commutation. — Une demande en grâce ! s'écria Jourdan. Eh, monsieur, ils ne veulent pas même en appeler. Ils veulent mourir tous les trois ; ils ne nous écoutent pas, ils n'écoutent pas leur famille. Mais, monsieur Hervo, dit-il, nous ne sommes plus au tribunal, je ne plaide pas ici ; vous avez devant vous un vieil ami, dont vous connaissez la loyauté, et dont vous estimez le bon sens. Écoutez bien ce que je vais vous dire : ils sont innocents tous les trois ! » Il prononça ces derniers mots avec une grande énergie, et les larmes lui vinrent aux yeux. M. Hervo voulut en vain reprendre les preuves qu'il avait développées devant la cour ; Jourdan l'interrompit, et, avec une animation extraordinaire et une éloquence que je n'ai depuis jamais retrouvée dans personne, il commença un plaidoyer dont la force fut irrésistible. Il parla des confidences qu'il avait reçues, de ses visites à la prison ; il dit tout, jusque dans le plus grand détail ; il montra la noblesse, la droiture de ces trois belles âmes. Ce n'étaient pas des raisons qui eussent triomphé devant un tribunal ;

mais là, à cette heure solennelle, il était impossible de ne pas subir l'influence de cette parole enflammée, de cette conviction absolue. M. Hervo fut ému d'abord, puis troublé. Ses scrupules s'éveillèrent ; et dès qu'il y eut un doute dans son esprit, il devint plus ardent que Jourdan lui-même pour obtenir une déclaration d'appel. À peine son ami avait-il fini de parler, que nous le vîmes se diriger vers la porte ; nous le suivîmes plutôt que nous ne l'accompagnâmes. De temps en temps, il s'arrêtait pour nous jeter une question ; nous avions réponse à tout ; il n'était pas convaincu cependant, mais il doutait ; et, pour cette conscience délicate, le doute, dans un pareil moment, était déjà un remords. Nous trouvâmes les trois condamnés encore réunis ; car M. Hervo avait voulu qu'on leur laissât cette consolation.

« Messieurs, leur dit-il en entrant, je viens vous dire que M. Jourdan m'effraye. Je vous ai poursuivis avec sécurité pour ma conscience ; mais, ce matin, il me fait trembler. Si vous êtes innocents, vous ne pourrez pas marcher à l'échafaud, ce serait me rendre responsable de votre mort devant Dieu. Depuis vingt ans que je suis juge, je n'ai jamais eu d'autre volonté que d'accomplir courageusement, strictement mon devoir. J'ai été jusqu'ici en repos avec moi-même. La pensée d'une erreur judiciaire me fait frémir. Jourdan, dit-il, préparez l'acte. Vous l'avez ? donnez une plume. Signez, dit-il à Yvonic d'un air plein de dignité et d'autorité. » Yvonic n'hésita pas. Le langage, l'attitude de cet honnête homme, l'avaient réconcilié avec la société ; il avait compris que la justice pouvait se tromper, mais qu'il y avait une justice. C'était celui qui devait être prêtre ; et quoiqu'il ne fût pas l'aîné, il avait autorité sur toute la famille. Ses deux frères signèrent après lui. À peine le pourvoi fut-il formé, qu'ils devinrent d'autres hommes. Au lieu de cet air concentré et révolté qu'ils avaient depuis la veille, nous les vîmes pleins d'inquiétude et de découragement. M. Hervo était sorti sur-le-champ ; nous fîmes tous nos efforts pour leur rendre le courage.

« Mais tout est contre nous, disaient-ils. Nous serons condamnés de nouveau. Nous n'aurons gagné que de prolonger notre agonie. »

Nous ne pouvions pas partager leur découragement dans ce premier moment. Heureux d'avoir triomphé de l'obstacle qui nous arrêtait depuis la veille, nous nous laissions aller à ce sentiment de délivrance qui suit toujours un succès de ce genre ; mais les jours suivants, le désespoir nous reprit à notre tour. Le jugement fut cassé pour je ne sais plus quel défaut de forme ; nous nous en réjouissions comme d'un sursis, sans oser ni les uns ni les autres penser au lendemain. Marion était admirable ; partageant sa vie entre sa mère, à moitié folle, son vieux père et son mari ; toujours active, soignant tout le monde avec autant de zèle que dans les meilleurs jours, ne laissant pas voir ses secrètes angoisses, et ne succombant jamais au découragement. J'étais allé avec elle à Saint-Allouestre, à Kerdroguen, à Bignan. Nous avions interrogé tout le monde. Partout nous trouvions les plus vives sympathies ; mais aucun témoignage, pas un mot, pas un fait, qui pût changer le caractère du procès et autoriser nos espérances. Nous retournâmes une seconde fois à Bignan après la cassation ; mais nous sentîmes à ce second voyage que l'opinion s'était retournée contre nous. Quinze jours auparavant, on ne voyait que notre malheur, et tout le monde le jugeait irrémédiable. À présent qu'un nouveau procès devenait nécessaire, on ne pensait plus uniquement aux condamnés ; on comprenait la nécessité de sauver les autres. Marion n'avait-elle pas elle-même obéi à ce sentiment, quand elle avait dit à son mari en pleine cour d'assises : « Plutôt mourir que de se faire dénonciateur ? » On lui rappelait ces belles paroles, en l'accablant d'éloges qui maintenant lui faisaient des blessures mortelles. Les grands politiques (il n'en manque pas, même parmi les ignorants et les simples) reprochaient à nos amis d'avoir repoussé la responsabilité de l'assassinat. Ils croyaient fermement à leur culpabilité et leur en faisaient un titre de gloire ; mais semblables à plus d'un sectaire, se sentant bien à l'abri de toutes poursuites, ils déclaraient avec un emportement qui n'était pas sans une sorte d'éloquence sauvage, qu'il y avait de la lâcheté à désavouer sa conduite, ses amis et ses principes, pour éviter le supplice. Marion ne s'irritait pas quand on injuriait ainsi les condamnés. Elle ne discutait pas. Elle se contentait de dire qu'ils n'avaient pas fait le coup et que par conséquent, il ne fallait pas les laisser mourir. Si je laissais paraître mon indignation, elle me regardait avec étonnement et me priait de me calmer. Nous faisions quelquefois jusqu'à huit lieues de pays dans le même jour, parce que nous allions de préférence dans les métairies isolées, où nous avions plus de chances de rencontrer les

Jules Simon

réfractaires. Marion marchait toujours devant, sans dire une parole, tenant à la main ses souliers qu'elle ne mettait que quand nous entrions dans un presbytère. Les refus de nous aider devenaient de plus en plus durs, à mesure que le temps s'écoulait, parce que le mot d'ordre avait été donné. Le recteur de Saint-Allouestre, qui avait été un des témoins à décharge, nous dit avec amertume que Marion était plus à craindre pour les réfractaires, qu'unecompagnie de gendarmes mobiles. Elle se mit à pleurer sans répondre. On ne nous accueillait plus qu'en nous disant : « Vous voilà encore ? » Il y eut même des menaces. Je lui conseillai de rentrer à Vannes. « Vous retournerez si vous voulez, monsieur Jules, me dit-elle de sa voix douce ; mais il faut que j'aille jusqu'au bout. » Les femmes, en général, lui montraient moins de mauvais vouloir. La mercière de Saint-Jean-Brévelay nous révéla en tremblant l'existence de trois cachettes creusées dans la lande du Ménéhom au temps de la première chouannerie, et dont on ne livrait le secret qu'aux initiés. Elle nous dit qu'il y aurait du danger pour nous à y aller. Nous les visitâmes l'une après l'autre ; nous passâmes plusieurs heures tapis dans la troisième : personne ne vint. Une autre femme nous avertit, après nous avoir fait jurer le secret, que Jean Brien avec plusieurs réfractaires se cachait dans les mines de Locmaria. C'était notre dernière espérance, car il y avait à peine une maison dans tout le pays que nous n'eussions visitée. La route était longue ; Marion, quoique évidemment épuisée, la fit presque en courant. Nous arrivâmes vers le milieu du jour. Locmaria n'est ni un bourg ni un village ; c'est une abbaye en ruines auprès de laquelle se tient chaque année une foire célèbre. Je connaissais tous les détours de ces ruines, les escaliers de pierre qui montaient à la hauteur de cinq étages et aboutissaient tout à coup dans le vide, les caveaux et les longs couloirs souterrains interrompus par des éboulements. Nous mîmes plusieurs heures à les parcourir. C'était une de ces grandes abbayes, où venaient autrefois s'ensevelir les filles nobles, et qui ressemblaient plutôt à un palais qu'à un monastère. Nous trouvâmes dans une espèce de cloître souterrain des lits de fougère encore fraîche et des traces de feu récemment éteint. Il n'y avait plus de doute ; ceux que nous cherchions venaient là ; c'était un de leurs repaires ; mais là, comme dans les landes du Ménéhom, notre présence ne suffirait-elle pas pour les écarter ? Marion sortit des ruines avec moi, me suivit jusqu'à Plumelec (il n'y a qu'une demi-lieue), et m'avertit qu'elle retournerait seule à Locmaria dans la nuit en passant par les prés pour ne pas être rencontrée. Je lui dis que je ne la laisserais pas aller seule, qu'il fallait craindre un mauvais coup. « Il n'y aurait de danger, me répondit-elle, que si j'étais défendue. » Je compris qu'elle avait raison. Elle s'en fut, comme elle l'avait dit, à la nuit tombante. Je sentais si bien notre situation dans le pays que je tremblais de ne plus la revoir. Je la suivis à distance, en prenant toutes les précautions possibles pour n'être ni entendu ni aperçu. L'entrée de l'escalier était dans la chapelle, derrière le maître-autel. Elle se tint assise sur la première marche, depuis neuf heures jusqu'à minuit, dans les ténèbres épaisses. Vers minuit, elle entendit marcher avec précaution parmi les décombres. Elle retint son souffle ; il fallait marcher sur elle pour descendre à l'étage souterrain. Tout à coup il y eut un chuchotement à quelques pas, et plusieurs personnes, qui cessèrent de prendre des précautions, rebroussèrent chemin avec rapidité. Elle se leva alors en se nommant, en appelant par leurs noms Jean Brien, Le Pridoux, tous ceux qu'elle connaissait. On lui cria de loin qu'on n'avait rien à lui dire, que ses recherches compromettaient tout le monde, que si on nous retrouvait, elle et moi, on tirerait sur nous comme sur des bleus. Elle suivit en courant ceux qui la fuyaient, tant qu'elle put les entendre. Ils lui tirèrent un coup de fusil, probablement pour l'effrayer, et se mirent ensuite à courir dans la crainte d'avoir attiré les gendarmes. Je n'étais plus qu'à quelques pas : « C'est moi, Marion, » lui dis-je. Elle comprit cette fois que tout était perdu. Je tirai d'elle ce récit par morceaux le lendemain, en revenant à Vannes. Elle ne cessait de répéter : « Je n'ai rien pu ! je n'ai rien pu ! » Pour moi, qui n'étais pas autant qu'elle absorbé par une pensée unique, je sentais à ce dernier moment moins de découragement que de colère. Ainsi ces trois innocents allaient mourir ! Ces hommes que nous avions tant cherchés, qui nous avaient fuis, qui peut-être avaient voulu nous tuer, les savaient innocents, et, par peur, les laissaient sous le couteau ! Tout ce peuple, ces femmes, ces prêtres, ces vieillards prenaient parti contre les innocents pour les coupables ! J'étais bien près de dire comme mon pauvre Yvonic, le jour de sa condamnation : « Il n'y a pas de justice ! » Nous revînmes à pied, car la fatigue ne nous faisait pas peur, et nous n'étions pas assez riches pour avoir des chevaux. La première chose que nous apprîmes, en arrivant, fut l'arrestation de Le Pridoux et de Jean Brien.

IX

La vie est faite d'une si étrange étoffe, que trop souvent le malheur des uns fait la joie des autres. « Je ne leur veux pas de mal, dit Marion, quoiqu'ils nous en aient fait beaucoup. Je n'ai pas voulu pousser Jean-Louis à les dénoncer. À présent, j'espère qu'ils auront pitié de lui et de ses frères, puisqu'ils peuvent les sauver sans se faire plus de tort. » Quoiqu'elle fût à moitié rendue de fatigue, elle voulut sur-le-champ aller aux renseignements pour savoir ce qu'ils avaient pu déjà révéler. Nous eûmes à traverser presque toute la ville pour nous rendre chez M. Jourdan. Plusieurs personnes qui connaissaient Marion, et qui admiraient son dévouement modeste, l'arrêtèrent pour la féliciter. « Oui, oui, disait-elle, j'espère que le bon Dieu aura pitié de nous à la fin. » Par malheur, M. Jourdan n'avait rien de bon à nous apprendre. « Je les ai vus avant-hier et ce matin, nous dit-il, et, entre nous, ce sont de véritables brigands. Ils essayent à présent de faire montre de leurs principes politiques, quoiqu'il soit aisé de voir que la politique n'a jamais été pour eux qu'un prétexte. Un parti est bien malheureux d'être invoqué par de tels hommes ; mais c'est une honte et une douleur qui n'ont jamais été épargnées aux vaincus dans toutes les opinions. » Je trouvais mon vieil ami bien diffus ce matin ; Marion ne comprenait rien à tous ces beaux discours ; elle tournait alternativement ses yeux étonnés sur moi et sur M. Jourdan : mais il ne sortait pas de ses lieux communs. Je ne tardai pas à m'apercevoir qu'il ne voulait pas s'expliquer devant elle.

« Vous la jugez mal, lui dis-je alors ; il faut la traiter sans ménagements ; elle est aussi forte pour supporter le malheur, que tendre et généreuse pour consoler celui des autres.

— Eh bien ! ma chère enfant, dit M. Jourdan, qui lui prit les mains et les serra, ils ne font qu'aggraver la position de nos amis. Ils se vantent tout haut du meurtre de Brossard, et accusent votre mari et ses deux frères de leur avoir prêté main-forte. »

Marion ne laissa paraître aucune émotion. Elle se leva, prit sa mante et se dirigea vers la porte.

« Vous allez à la prison, lui dit M. Jourdan ; mais vous ne pouvez plus vous traîner. Prenez au moins un verre de vin.

— Je le veux bien, dit-elle, car c'est vrai que je n'en puis plus ; et voilà monsieur (en me montrant) qui n'est pas habitué à la dure comme moi et qui doit être encore plus malade. »

La pauvre femme suivait son instinct en pensant d'abord aux autres ; mais j'avais alors une inquiétude par-dessus toutes celles qui me torturaient, et celle-là me venait d'elle. J'avais remarqué le déclin de ses forces à ce dernier voyage ; je savais que la famille avait mis la clef sous la porte pour venir à Vannes attendre l'issue du procès, et je me demandais de quoi on vivait depuis deux mois rue du Mené. Pour Marion, ce n'était pas son mari qu'elle allait voir : elle allait au plus pressé, c'est-à-dire à ceux qui pouvaient leur sauver la vie à tous. Je ne l'accompagnai que jusqu'à la porte, car elle me dit qu'ils seraient peut-être moins en défiance et plus généreux avec elle si elle était seule. Elle revint au bout d'une demi-heure ; elle avait les yeux rouges et gonflés, et ne me dit rien. Quand nous passâmes devant la croix du collége, elle se signa, et me dit à demi-voix : « Ce sont des païens. » Ce résultat de tant d'espérances et de tant d'efforts me fit froid au cœur. J'entrai avec elle chez ses parents. La mère était dans son lit, d'où elle ne sortait plus. Le vieux père était sur son escabeau, à sa place ordinaire. Il tourna vivement la tête vers elle sans prononcer une parole ; mais ses yeux parlaient. Marion baissa les siens ; il reprit son attitude morne et ne fit plus un mouvement. Marion fut droit au lit et arrangea avec soin les couvertures. Puis elle se mit à balayer, et vint enfin s'asseoir sur l'autre escabeau, à l'autre coin de la cheminée, avec sa quenouille. Pendant ce temps-là, j'avais fureté de tous côtés avec la liberté de l'amitié, et j'avais acquis la certitude que le pain et l'argent manquaient. « Oui, c'est vrai, me dit-elle ; car elle s'aperçut, quoique je n'eusse rien dit, que j'avais découvert sa position. Je ne puis gagner que six sous par jour en filant, et quand je ne suis pas là, les pauvres vieux manquent de tout. Dites en passant chez le boulanger que vous répondez pour nous. Vous ne perdrez pas votre argent, monsieur Jules ; car, *après tout ceci*, nous vendrons la maison là-bas, et nous vous payerons de vos avances.

Jules Simon

— Je vous enverrai aussi de quoi faire une soupe pour la malade, Marion, » lui dis-je.

Elle regarda sa belle-mère.

« Nous autres paysans, dit-elle, il nous suffit d'avoir le pain assuré. Ainsi, faites ce que je vous dis et rien de plus. Cela vaudra mieux pour notre cœur. »

Comme je descendais le noir escalier, j'entendis la pauvre folle qui appelait ses enfants : « Yvonic, disait-elle, mon Jean-Louis ! » Je m'arrêtai un instant ; la voix du père s'éleva, récitant une prière…

X

Je ne vous dirai pas les jours qui suivirent, ni tous les incidents de la procédure nouvelle qui s'instruisit. La mort de Brossard n'était qu'un incident dans le procès de Le Pridoux et de Jean Brien, car on relevait contre eux deux autres assassinats. Ils persistèrent jusqu'à la fin à soutenir que les frères Nayl avaient accompagné la bande volontairement chez Brossard, qu'ils avaient su ce qu'on y allait faire, et qu'ils avaient assisté en armes à l'exécution. Quand ils furent mis tous en présence, les Nayl repoussèrent ces déclarations avec la plus grande énergie ; ils soutinrent que les réfractaires leur avaient complétement caché leur dessein ; que quand ils purent soupçonner un crime, ils firent tous leurs efforts pour s'y opposer, et que même au moment où l'on porta le premier coup à Brossard une lutte s'engagea entre eux et les assassins. Jean-Louis montra les traces de deux écorchures assez graves, qu'il affirma lui avoir été faites pendant la lutte ; mais ils furent bâillonnés, garrottés, réduits à être spectateurs impuissants du crime. Depuis ce moment, ils erraient au milieu des autres, plutôt comme des prisonniers que comme des compagnons, et menacés d'être tués à la première tentative d'évasion. Yvonic raconta dans les plus grands détails comment ils étaient parvenus à s'enfuir dans une alerte, et à se réfugier dans une hutte de charbonniers, où la gendarmerie les avait arrêtés dès le lendemain. Ce récit, dans lequel les trois frères n'avaient jamais varié, et qu'ils faisaient tous les trois avec l'air et le ton de la vérité, faisait impression, malgré son invraisemblance, sur l'esprit du magistrat instructeur. Les causes avaient été séparées, et les Nayl devaient être jugés aux assises du Calvados, mais on les retenait à Vannes parce qu'ils étaient nécessaires à l'instruction de l'autre procès. On n'abandonnait pas l'espoir d'arriver à quelque découverte qui fût dans leur intérêt. Le procureur du roi avait fait partager sa sollicitude à tout le tribunal, et je puis même dire à toute la ville. On pensait généralement que les jurés de Caen prendraient en considération la condamnation de Le Pridoux et de Jean Brien, les angoisses d'une condamnation à mort, les longueurs d'une seconde procédure, la jeunesse, les bons antécédents des frères Nayl, et ce fait, désormais acquis, que le meurtre de Brossard n'avait pas été commis directement par eux, que leur crime, s'ils étaient criminels, n'était que d'avoir assisté en armes à l'assassinat. S'il ne sortait pas de ce nouveau procès une condamnation capitale, le roi pouvait faire grâce de la peine des galères. Échapper aux galères et à la mort, c'était désormais toute notre espérance ; car la négation obstinée de Le Pridoux et de son complice nous faisait perdre l'espoir d'un acquittement. Lorsque les frères Nayl furent entendus à l'audience de la cour d'assises de Vannes, le public écouta leurs paroles avec anxiété. Tous les yeux se tournaient vers les accusés, et leurs dénégations excitaient dans toute la salle des murmures. Le vénérable M. Le Gall, qui présidait, les conjurait avec larmes de dire la vérité. Tout l'intérêt était pour les condamnés de la veille, dont on commençait à espérer l'acquittement, tandis que tout le monde, sans distinction de parti, voyait avec dégoût les nouveaux accusés ; mais leur réponse fut constamment la même. Ils répétèrent que les frères Nayl étaient allés de leur plein gré, et en pleine connaissance de cause, dans la chambre du malheureux Brossard ; que la lutte dont ils parlaient était une fable sans vraisemblance ; que les réfractaires avaient résolu d'un commun accord, au souper, chez le meunier de Kerdroguen, de frapper un grand coup pour intimider les délateurs ; qu'ils plaignaient sincèrement les Nayl, mais qu'ils ne pouvaient pas mentir pour les sauver. Ces paroles, prononcées avec une imperturbable assurance, déroutèrent toutes les conjectures. L'arrêt fut prononcé dans la soirée, et, dès le matin, une voiture fermée, escortée de gendarmes, emmena les frères Nayl dans la prison de Caen.

Le Pridoux et Jean Brien laissèrent passer le délai de l'appel, de sorte que, trois jours après leur condamnation, le bruit se répandit dans la ville que l'exécution aurait lieu le lendemain. Je me rendis aussitôt chez Marion, pour la déterminer à quitter Vannes sur-le-champ. Je vis en arrivant à la porte une table couverte d'une serviette, sur laquelle on avait posé un crucifix en bois et un bénitier. Madame Nayl était morte dans la matinée. La raison lui était revenue au moment de sa mort, et elle avait connu de nouveau toute l'horreur de sa situation. Le corps était gardé par quelques voisines et par l'abbé Le Ber, qu'on était toujours sûr de rencontrer partout où il y avait des pauvres et des malheureux. Je cherchai des yeux M. Nayl et sa fille, et je fus surpris de ne pas les voir, car je savais que l'habitude des Bretons est de ne pas quitter leurs morts. « Ils sont à la prison avec Moisan, » me dit l'abbé Le Ber. (M. Moisan était l'aumônier des prisons, qui avait la triste et sublime charge de conduire les condamnés au supplice. Il était doublement malheureux ce jour-là, car il partageait nos sentiments et notre conviction, et pour la première fois de sa vie, il préparait des condamnés au supplice, sans pouvoir les aimer.) « C'est la morte, me dit M. Le Ber, qui a voulu qu'ils fissent en son nom une nouvelle tentative auprès des condamnés. — Dites-leur que j'entendrai leurs paroles quand je serai avec Dieu. — Ce sont les derniers mots qu'elle ait prononcés. Nayl s'est levé, il lui a fermé les yeux, l'a embrassée sur la bouche, et ils sont partis… » Je m'agenouillai avec les autres pour prier. Une heure environ s'écoula. On entrait et on sortait, selon l'usage, pour jeter de l'eau bénite sur le corps. Enfin, nous entendîmes un grand bruit et des sanglots. C'était Marion qu'on apportait, l'œil hagard, l'écume à la bouche, en proie à une violente attaque de nerfs qui ressemblait à l'épilepsie. La mort de sa belle-mère, la vue des condamnés, la pensée de leur supplice si prochain, avaient été trop forts pour elle ; cette nature si forte et si calme avait cédé à la fin.

Quand elle était entrée dans le cachot funèbre, quand elle avait entendu les condamnés répéter leurs meurtrières dénégations, quand elle avait vu Nayl découvrir ses cheveux blancs et se traîner à leurs pieds en poussant des sanglots déchirants, elle avait perdu tout empire sur elle-même, et à un moment on avait craint de la perdre. On plaça le cadavre sur des tréteaux, afin d'étendre Marion sur le seul lit qu'il y eût dans cette pauvre demeure. Je souhaitai ardemment que le délire se prolongeât pendant vingt-quatre heures. Le pauvre Nayl serrait dans ses mains tremblantes les mains de sa fille bien-aimée, puis il la quittait pour aller embrasser en pleurant sa vieille compagne. Je sentis cette nuit-là plus de tristesse peut-être, et à coup sûr plus d'accablement, que je n'en avais éprouvé après la condamnation de mes trois amis. On s'était procuré pour tout luminaire une torche de résine. De pieuses femmes se relayaient pour prier. Pour nous, nous demeurâmes en silence toute la nuit ; je voyais de grosses larmes couler le long des joues du vieillard, et je ne cherchais pas à retenir les miennes. Marion s'endormit un peu avant le jour. J'écoutais attentivement le son des cloches, car je savais que le supplice avait lieu de très-bonne heure et qu'on sonnerait l'agonie à toutes les églises. Nayl fit le signe de la croix quand il entendit le premier son lugubre. Marion se dressa sur son lit les yeux ouverts : elle écouta le son des cloches, regarda le corps de sa mère, et je vis qu'elle avait toute sa raison. Comme elle était toute vêtue, elle descendit du lit, embrassa d'abord son père, et se jeta ensuite à mon cou tout en larmes. C'était la première fois qu'elle me donnait une telle preuve d'affection. Elle avait bien raison de me traiter en frère, car j'en étais un pour elle, et je le suis encore après tant d'années. Ce premier moment passé, elle s'essuya les yeux et se mit à ranger toutes choses avec son calme accoutumé. On vint faire la levée du corps ; j'avais demandé que cette triste cérémonie se fît de bonne heure. Il n'y eut que nous trois derrière la bière, et comme nous descendions vers Saint-Paterne, nous eûmes à fendre la foule qui remontait vers le champ de foire, où l'échafaud était dressé.

XI

Deux jours après, je réfléchissais tristement, dans ma mansarde de la rue des Chanoines, à la position de tous mes amis, et je songeais au moyen de vaincre la délicatesse de Marion pour lui faire accepter l'argent qui lui était nécessaire pour aller à Caen et y conduire son beau-père, lorsqu'à ma grande surprise je la vis entrer chez moi.

« Bonjour, mon Jules, me dit-elle de son ton doux et calme. Je viens vous faire mes adieux et vous demander un service.

— Parlez, Marion, lui dis-je ; vous savez que je ferai tout ce que vous voudrez.

— Vous n'êtes pas riche, me dit-elle, et nous… (elle hésita et rougit un peu) nous ne sommes plus que des mendiants à présent. Vous avez été hier payer notre loyer et notre boulanger ; vous vous serez peut-être endetté pour nous ; mais les bons cœurs ne regardent à rien quand il s'agit des autres. À présent, il faut que je parte de mon côté, et mon père doit aller à Caen. Pour moi (elle rougit encore), je n'ai besoin de rien ; mais il faut de l'argent pour mon père. On a bon courage à demander, monsieur Jules, ajouta-t-elle, quand ce n'est pas pour soi qu'on demande. Je suis venue vous prier de faire la quête pour nous ; voyez si cela ne vous répugne pas. Vous direz bien que c'est une aumône que je demande ; car je n'espère plus de pouvoir rendre à nos bienfaiteurs l'argent qu'ils nous donneront. »

Sa voix était posée ; mais moi qui la connaissais et qui savais ce qu'elle souffrait intérieurement, je n'en admirais que plus la droiture et la fermeté de son âme.

« Où allez-vous donc, Marion ? lui dis-je, et pourquoi quittez-vous votre père ?

— La mère de Le Pridoux est vivante, me dit-elle. Elle pourrait parler si elle voulait. J'irai lui demander à genoux la vie de mon mari. Après cela, si j'échoue encore… que Dieu ait pitié de nous ! »

Je lui demandai où demeurait la mère de Le Pridoux.

« À Elven, me dit-elle. Il n'y a que cinq lieues, et par un bon chemin ; toute grande route.

— Je vais d'abord faire ce que vous me demandez, lui dis-je, et ensuite je pars avec vous.

— Non, monsieur Jules. Je pars à présent sans perdre une minute ; et j'ai compté sur vous pour veiller sur le père et le mettre en voiture ; car il faut le conduire comme un enfant à cette heure. — Elle me tendit la main. — Adieu, me dit-elle ; si je réussis, je vous reverrai. »

Je la laissai partir, et je courus chez M. Jourdan, ma providence ordinaire. Le vieil avocat était plus riche de bonnes œuvres que d'écus ; pourtant il avait un cheval dans son écurie, parce qu'il était obligé à de fréquentes courses pour son état. Il le sella lui-même, et fit mettre un bissac sur le troussequin de la selle, pour qu'une femme pût s'y asseoir ; puis il appela un petit garçon d'une douzaine d'années, qui lui servait de domestique, et le chargea de courir après Marion sur la route d'Elven, et de la prendre en croupe pour la conduire et la ramener. Il lui mit quelques gros sous dans la poche et lui donna des provisions dans un panier.

« À vous maintenant, me dit-il, quand nous l'eûmes vu partir. Voilà un écu de six francs pour votre voyageur. J'espère vous ramasser une quinzaine de francs au tribunal. Adieu et bonne chance ! »

Je m'en fus tout droit au collége, où l'on ne me voyait plus guère ; et je me plaçai contre la porte, pendant que mes camarades entraient, tenant mon chapeau à la main. Je me sentais fier de cette humiliante corvée en pensant à la noble femme pour qui je la remplissais. Toutes les marchandes de billes et de gâteaux eurent tort ce jour-là, et je suis sûr que plus d'un écolier aima mieux se coucher sans souper que de passer près de moi sans vider ses poches. Nayl put partir le lendemain dans la rotonde avec une centaine de francs dans sa bourse et trois lettres de recommandation que M. Jourdan lui avait procurées.

XII

Notre petit homme n'atteignit Marion qu'à trois lieues de Vannes, parce qu'elle avait beaucoup d'avance sur lui. Elle marchait péniblement, épuisée par la faim et le chagrin, mais soutenue par une volonté ferme. Il sauta à bas de son cheval, et lui dit qu'il venait de la part de M. Jourdan pour la conduire.

« Dites plutôt que c'est le bon Dieu qui vous envoie, mon enfant, répondit-elle ; car j'avais peur de rester dans le fossé. »

Grâce à ce secours, elle arriva sur les quatre heures du soir à Elven. Elle alla tout droit à l'église, et pria devant l'autel de la Vierge. Puis elle s'avança vers le sacristain, qui allumait les cierges pour le salut, et lui demanda la maison de Le Pridoux.

« C'est la dernière maison du côté de Jocelyn, ma fille, lui dit-il ; mais si vous venez de Vannes, vous savez qu'on y est dans la douleur. »

Elle suivit la rue jusqu'au bout, sentant son cœur prêt à

l'abandonner. La maison qu'elle cherchait était un peu en arrière des autres, avec une petite cour en désordre, sur laquelle elle prenait jour par une lucarne. Quand elle poussa la porte pour entrer, elle ne distingua rien dans l'intérieur ; mais enfin, ses yeux se faisant à l'obscurité, elle aperçut une vieille femme assise sur la pierre du foyer. Sa quenouille était par terre à côté d'elle, et elle tenait un chapelet qu'elle oubliait d'égrener.

« Que le bon Dieu vous donne des forces, » dit Marion en entrant ; mais la veuve ne l'entendit pas. Elle s'approcha jusqu'à la toucher et lui dit : « Je viens vous voir dans votre affliction avec un cœur aussi affligé que le vôtre. » La veuve l'aperçut alors et la regarda un instant. Puis elle détourna la tête avec un geste de la main pour la repousser. « Non, je ne puis m'en aller, dit Marion, et pardonnez-moi de venir vous troubler dans votre douleur : mais c'est plus que ma vie que je vous demande. »

En disant cela, elle tomba sur ses genoux et tendit les mains vers la mère désolée. Mais celle-ci la repoussa de nouveau, car dans son désespoir elle ne pensait pas qu'on pût, sans dérision, parler de douleur devant elle. Elle essaya de parler, et sa voix s'arrêtait dans sa gorge. Enfin elle put dire :

« Mon fils est mort !… » Et en même temps elle montrait la porte de sa chaumière.

« Mais moi, dit Marion toujours agenouillée, je suis la femme de Jean-Louis Nayl !

— Ah ! pauvre femme ! dit la veuve, et vous pleurez votre mari comme moi mon enfant !

— Hélas ! dit Marion, il n'est pas mort, et vous pouvez le sauver si vous voulez. Un mot de vous, un mot de vérité, peut nous rendre à tous la vie ! Je vous le demande au nom de la Vierge Marie, au nom du salut de votre enfant ! » Et elle versait tant de larmes que les mains de la veuve étaient toutes mouillées. « Ne me refusez pas, disait Marion, si vous avez le cœur d'une femme ! Je prierai pour vous et pour votre fils tous les jours de ma vie ! Jugez de nos douleurs par les douleurs que vous souffrez ! Miséricorde ! miséricorde ! au nom de la Vierge ! au nom de Jésus-Christ ! »

La pauvre mère resta longtemps dans son morne désespoir ; mais enfin son cœur se fondit et sa figure fut inondée de larmes.

Les sanglots vinrent ensuite et les spasmes. Marion la prit dans ses bras, baisa ses mains et ses joues, mit sa tête sur son sein et mêla ses larmes avec les siennes. Quand la nuit fut tombée, elles étaient toujours sur cette pierre froide, enlacées dans les bras l'une de l'autre, et la mère parlait de son fils ; elle racontait toute son enfance et toute sa jeunesse ; les jours où elle avait cru le perdre, où elle l'avait disputé à la maladie ; la tendresse qu'il avait pour elle, au milieu de sa vie de désordre ; elle excusa comme elle put ses crimes, car elle avait du fanatisme dans l'âme, et elle avait sucé le lait sanglant de la guerre civile ; mais les sentiments de femme et de mère reprenaient le dessus, et alors elle s'apitoyait sur le sort de la malheureuse qu'elle tenait embrassée. Elle savait tous les détails de l'assassinat de Brossard, et elle connaissait deux femmes dans Elven qui pouvaient témoigner comme elle de l'innocence des frères Nayl. Les réfractaires les avaient emmenés de peur que l'exemple de Jean-Pierre, s'il rejoignait les drapeaux, ne devînt contagieux. Ils les avaient tenus parmi eux comme prisonniers, et les avaient fait assister de force à l'assassinat de Brossard pour les compromettre. Marion, dans cette triste demeure, se reprochait les élans passionnés de son cœur, qui bondissait d'allégresse.

Elle fut, dès qu'il fit jour, au presbytère implorer l'assistance du curé, et visita avec lui les deux femmes que la veuve lui avait désignées. Nous la vîmes revenir le dimanche. On sortait justement de vêpres quand elle passa devant chez moi, car elle voulait me dire la bonne nouvelle avant même d'aller chez M. Jourdan. Le brave avocat faillit être suffoqué. Il embrassa Marion sur les deux joues, et nous traîna chez le procureur du roi. M. Hervo fut tellement saisi, qu'un instant nous craignîmes un malheur ; mais il se remit promptement, et s'écria qu'il allait partir pour Elven, avec M. Jourdan et moi, pour recevoir juridiquement la déposition des trois femmes. Il exigea que Marion demeurât chez lui, et la confia aux soins de Madame Hervo, qui l'accueillit comme une mère. Quand nous eûmes les dépositions en règle, il vint avec nous à Bignan, pour faire dessiner de nouveau l'état des lieux, et à Saint-Allouestre, où, d'après ces nouveaux indices, il put aussi recueillir des documents importants. Nous n'avions qu'à le laisser faire, il était aussi ardent que nous ; ni peines ni fatigues ne lui coûtaient. Il déclara, en rentrant à Vannes, qu'il voulait aller à Caen de sa personne. Sa femme nous dit qu'il n'avait pas vécu depuis que le doute s'était fait jour dans son esprit. Pendant toute l'audience, qui fut courte, on le vit, en habit bourgeois, derrière l'avocat général qui portait la parole devant le jury du Calvados. Quand ce magistrat se leva pour déclarer qu'il renonçait à l'accusation, il y avait sur la figure de M. Hervo plus d'émotion que sur celle des trois frères, que ce moment allait rendre à la liberté et à la vie. Marion s'appuyait sur mon bras, car elle ne pouvait plus se soutenir. Ses forces l'abandonnaient à ce dernier moment, où elle n'avait plus qu'à recueillir le fruit de son courage. Jean-Louis avait les yeux fixés sur elle, et il la regardait comme on regarderait un ange. Les jurés ne délibérèrent même pas. Au bout de cinq minutes, leur verdict était rendu, et les accusés ramenés à l'audience. Après avoir prononcé leur mise en liberté, le président, d'une voix émue, leur adressa ces paroles, au milieu du plus religieux silence :

« Yvonic, Jean-Pierre et Jean-Louis Nayl, une fatalité déplorable a fait peser sur vous la responsabilité d'un crime que vous aviez tout fait pour empêcher. L'épreuve que vous avez subie est terrible ; vous en sortez non-seulement innocents, mais dignes de toutes les sympathies et de tous les respects. Que les ardentes sollicitudes qui vous ont accompagnés jusqu'ici adoucissent l'amertume de vos souvenirs. En vous rendant à la liberté, la Cour est heureuse de s'associer à votre joie et à celle de la plus digne, de la plus courageuse, de la plus noble femme... »

Le président pleurait en prononçant ces dernières paroles, et presque tous ceux qui étaient là avaient aussi envie de pleurer. À ce moment, et comme l'audience allait être terminée, M. Hervo se leva du siége qu'il occupait ; il traversa toute la salle dans sa longueur, et vint aux accusés en leur tendant les bras. Un cri s'échappa de toutes les poitrines quand on vit les trois frères l'entourer et l'embrasser. Lorsque nous nous retrouvâmes le soir dans la petite maison où nous étions descendus, sur la route de Falaise, je ne crois pas qu'il y eût dans le monde entier un spectacle plus digne d'attirer les regards de Dieu.

Yvonic est aujourd'hui vicaire à Guéhenno.

La discrétion m'interdit de dire le rôle important qu'a joué l'un de ses frères en 1848. Quant à Marion, elle est aussi douce et aussi modeste que si elle n'avait jamais eu d'autre mérite que de bien élever ses enfants et d'aimer tendrement son mari.

ISBN : 978-1523299959

Jules Simon